Philosophische Überzeugungen B

Jürgen Fiedler
15. November 2017

© Jürgen Fiedler
Am Tönnessenkreuz 5, 53123 Bonn
j.u.fiedler@t-online.de
15. November 2017

Herstellung und Verlag:
BoD - Books on Demand, Norderstedt
ISBN 978-3-7460-7477-1

Philosophische Überzeugungen
B

Jürgen Fiedler
15. November 2017

Vorwort zur Version B

Seit dem Abschluss der Version A hatte ich Gelegenheit, meine Überlegungen vor allem im Bereich der Erkenntnis- und Wissenschaftstheorie zu überdenken und zu vertiefen. Wichtige neue Einsichten hierzu
verdanke ich vor allem den Büchern von Otfried Höffe „Kants Kritik
der reinen Vernunft – Die Grundlegung der modernen Philosophie",
2003, und von Alan F. Chalmers „Wege der Wissenschaft – Einfüh-
rung in die Wissenschaftstheorie", 2007. Sie haben vor allem meine
Vorstellungen von der Transzendentalphilosophie vertieft und mir einige Probleme des Falsifikationismus von Karl Popper verdeutlicht.
Entscheidende Argumente gegen die Stimmigkeit des bereits in der
Version A als Kernelement meiner philosophischen Überzeugungen
bezeichneten Realismus habe ich allerdings weder in diesen noch in
anderen zwischenzeitlichen Diskussionsbeiträgen oder Schriften gefunden. Auch im Bereich der Ethik bleibt für mich der „schwache ethische Realismus" Kern meiner Überzeugungen. Danach gibt es gewisse allgemeingültige, objektive und reale ethisch-moralische Prinzipien, wie z.B. das Gebot zur Achtung der Menschenwürde, und da-
neben schwächere, im Zeitablauf wandelbare ethische Prinzipien, die
sich aus dem Konsens bestimmter historischer Individuen und gesellschaftlicher Gruppierungen herleiten lassen. Eine Erweiterung der
Ausführungen zur Ethik machte der von Hans Jonas im Buch „Das
Prinzip Verantwortung" schon 1979 eindrücklich dargelegte

5

technologiebedingte Wandel der ethischen Verantwortung für die zukünftige Entwicklung der Menschheit erforderlich. Infolge der rasanten technologischen Entwicklung haben sich heute grundsätzlich neue ethische Probleme ergeben, die in der traditionellen Ethik noch kaum Bedeutung hatten und die jedes Individuum wie die Gesellschaft insgesamt vor neue ethische Herausforderungen stellen.

Einleitende Bemerkungen zur Version A
vom 15. März 2017

Bei philosophischen Überzeugungen handelt es sich nicht um Glaubenssätze oder bloße Meinungen, sondern um Aussagen, die mit dem Anspruch auftreten, intersubjektiv überprüfbares Orientierungswissen zu sein. Wissen wird in der Philosophie als „wahre gerechtfertigte Überzeugung" von etwas verstanden. Die folgenden Thesen bedürfen also näherer Rechtfertigung. Eine solche Rechtfertigung habe ich im jeweiligen Zusammenhang in komprimierter Form versucht. Sie bedarf immer wieder der Überprüfung und der Vertiefung. Wo sie noch unzureichend ist, ist sie zu ergänzen. Bei überzeugenden Gegenargumenten sind die entwickelten Thesen zu korrigieren. Insofern verstehe ich meine Ausführungen nicht als apodiktische Festlegung auf bestimmte philosophische Positionen, sondern als Standpunkte, die stets für Gegenargumente und bessere Erkenntnisse offen sind, sich ständig weiterentwickeln und möglicherweise auch in wesentlichen Punkten verändern werden. Sie sind der Versuch, durch kritische Auseinandersetzung mit vorgefundenen philosophischen Äußerungen eigene Orientierung zu finden. Ich hoffe auf einen fruchtbaren Dialog mit denjenigen, die sich kritisch mit dem folgenden Text befassen und mir ggf. dabei helfen, zu besseren Erkenntnissen und Überzeugungen zu kommen (j.u.fiedler@t-online.de).

Mein Text soll ständig weiterbearbeitet und von Zeit zu Zeit in einer neuen Version, die zwischenzeitliche Erkenntnisse berücksichtigt, zur Diskussion gestellt werden. Zur leichteren Bezugnahme auf bestimmte Thesen werden die jeweiligen Textversionen mit fortlaufenden Buchstaben des lateinischen Alphabets bezeichnet und die Absätze jeder Version durchnummeriert (in dieser Version A: A-001 bis A-160; in einer nächsten Version B: B-001 bis B-... usw.). Zur Übersichtlichkeit des Textes sollen die jeweiligen Zwischentitel beitragen, die am Ende des Textes als Gliederungsübersicht mit Seitenangabe zusammengefasst wiedergegeben werden.

Mein Augenmerk ist im Folgenden zunächst primär auf allgemeine und grundsätzliche Fragen gerichtet, deren Beantwortung wichtige Orientierungen für das Verständnis von uns selbst und der uns umgebenden Wirklichkeit vermitteln kann. Dabei geht es mir darum, aus der Fülle der im persönlichen und literarischen Diskurs vorgefundenen Argumente aus meiner Sicht überzeugende Gesichtspunkte herauszufiltern, thesenartig auf den Punkt zu bringen und in komprimierter Form die Kernelemente der Begründung zu skizzieren. Die geistigen und wissenschaftlichen Leistungen unzähliger Autoren und z.T. auch die von ihnen gewählten Formulierungen sind in meine Ausführungen eingeflossen. Für mich steht das Argument als solches im Vordergrund, weniger die Person, von der es stammt. Da mein Ziel nicht die Erarbeitung eines wissenschaftlichen Essays ist und ich den Leser nicht unnötig ermüden will, habe ich von einer näheren Angabe von Fundstellen abgesehen, weise aber durch die in Klammern angegebenen Autorennamen auf geistige Urheber übernommener Argumente und Formulierungen hin.

Realismus als philosophische Überzeugung

Kern meiner philosophischen Überzeugungen ist ein **Realismus**, der sich in folgenden Thesen überblicksartig zusammenfassen lässt:

B-001 - Es existieren Gegenstände (= Dinge und Tatsachen) auch außerhalb des menschlichen Bewusstseins **(ontologischer Realismus)**. Sie sind die Wirklichkeit, die Realität. Diese ist nicht auf den Bereich des der Naturwissenschaft Zugänglichen (= Universum) beschränkt, sondern erfasst grundsätzlich auch alles Andere, insbesondere auch mentale, emotionale sowie ethisch zu beachtende Zustände bzw. Elemente der Wirklichkeit.

B-002 - Die Wirklichkeit ist für den Menschen grundsätzlich über seine Sinnesorgane bzw. technische Hilfsmittel (z.B. Mikroskope) in Verbindung mit seiner Denkfähigkeit erkennbar **(erkenntnistheoretischer Realismus)**. Diese Erkenntnis entsteht bei der im Denken vollzogenen Zusammenführung und Verarbeitung sinnlicher Eindrücke. Gegenstand der Erkenntnis des Realen sind mentale „Erscheinungen", die sowohl von der sinnlichen Wahrnehmung als auch von vorempirischen Denkfähigkeiten geformt werden. Hierbei bestehen immer die Möglichkeit des Irrtums und die Möglichkeit der Nichterkennbarkeit von Gegenständen wegen der Begrenztheit unserer Sinne und unserer Denkfähigkeit.

B-003 - Es gibt objektive Wertmaßstäbe für ethisches Verhalten, die unabhängig von einem subjektiven Fürwahrhalten gelten **(ethischer Realismus)**.

Im Folgenden versuche ich, meine Thesen den traditionellen Teilbereichen der Philosophie zuzuordnen.

Was können wir wissen?
Erkenntnis- und Wissenschaftstheorie

Verschiedene Arten des Wissens

B-004 - Wenn wir von Wissen sprechen, meinen wir sehr Verschiedenes: Sagen wir z.B. „Karl weiß, wie man das Fahrrad repariert", so ist damit eine Art von praktischem Wissen gemeint. Ob die Anerkennung dieses *„Wissens, wie"* im konkreten Fall berechtigt ist, zeigt sich daran, ob Karl das Fahrrad tatsächlich reparieren kann oder zumindest praktische Hinweise dazu geben kann. Völlig anderer Art ist z.B. das *„Wissen, wie etwas ist"*, etwa das Wissen, wie Mangos schmecken. Soweit es hier um ein subjektives Erleben geht, ist es nicht sinnvoll zu fragen, ob dieses Wissen wahr oder falsch ist, denn jeder kann hierzu unterschiedliche Wahrnehmungen und Empfindungen haben. Zumeist meinen wir aber mit Wissen das *„Wissen, dass sich etwas so und so verhält"*, d.h. Aussagesätze (Propositionen, Urteile), die wahr oder falsch sein können. Zuschreibungen von Wissen in diesem Sinne haben deshalb die Form „S weiß, dass p", wobei „S" für ein wissendes Subjekt steht und „p" für einen sog. propositionalen Gehalt (P. Baumann). Wenn ich im Folgenden von Wissen spreche, meine ich propositionales Wissen in diesem Sinne.

Voraussetzungen propositionalen Wissens

B-005 - Erste notwendige Voraussetzung von Wissen ist die **Überzeugung** von der Wahrheit einer Aussage. Überzeugung bedeutet nicht, dass die wissende Person sich vollständig sicher ist oder an der Wahrheit einer Aussage überhaupt nicht zweifeln kann. Um von Überzeugung sprechen zu können, muss die Person sich nur deutlich sicherer sein, dass sich etwas so verhält, als hinsichtlich des Gegenteils. Von

Überzeugung (und von Wissen) kann nicht die Rede sein, wenn lediglich zufällig eine wahre Aussage gemacht wird, obwohl der Aussagende sich nicht sicher ist.

B-006 - Zweite notwendige Voraussetzung von Wissen ist die **Wahrheit** der Aussage, kurz: „Wenn S weiß, dass p, dann p", wobei die Aussage „Jetzt schneit es hier" dann wahr ist, wenn es jetzt hier tatsächlich schneit, und unwahr, wenn es jetzt hier tatsächlich nicht schneit. Wenn die Aussage objektiv falsch ist, kann es sich nicht um Wissen handeln, unabhängig davon, was der Aussagende und Andere „für wahr halten".

„Für die Wahrheit einer Aussage im Sinne der objektiven Gültigkeit von Aussagen gibt es vor allem drei Gesichtspunkte: die **Korrespondenz**, die **Kohärenz** und den **Konsens**. […] Erkenntnistheoretisch gesehen ist nach der Korrespondenztheorie eine Aussage wahr, wenn sie der Wirklichkeit entspricht (‚korrespondiert'), nach der Kohärenztheorie, wenn sie mit anderen, sogar allen anderen Aussagen zusammenstimmt (‚kohäriert'), nach der Konsenstheorie, wenn sie die Zustimmung anderer, erneut: möglichst aller anderen, findet." (O. Höffe) Alle drei Gesichtspunkte haben für die Entscheidung, ob eine Aussage wahr ist, Gewicht, wenn auch in unterschiedlicher Weise:

Für die Korrespondenztheorie, der ein sachlicher Vorrang vor den anderen Wahrheitstheorien zukommt, spricht der Gedanke der „Übereinstimmung der Erkenntnis mit ihrem Gegenstande", wobei allerdings das Problem eines gedanklichen Zirkels besteht: „Um als wahr zu gelten, muss die Erkenntnis mit dem Objekt übereinstimmen, das ich wiederum nur dadurch mit meiner Erkenntnis vergleichen kann, dass ich es erkenne." (I. Kant, O. Höffe)

Den Gedanken, dass etwas insoweit als wahr gelten könne, als darüber Konsens besteht, schränkt der Hinweis ein, dass auch die verbreitete Überzeugung aller von der Wahrheit einer Aussage einen kollektiven Irrtum nicht ausschließt. Dennoch kommt dem Konsens

Bedeutung für die Wahrheit jedenfalls dann zu, wenn es sich um eine dauerhafte und reflektierte Übereinstimmung von hinreichend fachkundigen Menschen handelt, die davon überzeugt sind, dass die in der Aussage behauptete Erkenntnis dem objektiven Sachverhalt korrespondiert. Unter dieser Voraussetzung kann man sagen: „Eine Aussage ist nicht deshalb wahr, weil ihr alle zustimmen, vielmehr stimmen ihr alle wegen der ‚Übereinstimmung mit dem Objekte' zu. Der Konsens erfolgt wegen der Korrespondenz; man wird ‚durch das volle Gewicht der Beweisgründe zum Beifalle gezwungen'" (I. Kant, O. Höffe)

Der Kohärenztheorie der Wahrheit liegt der zutreffende Gesichtspunkt zugrunde, dass die Rechtfertigung von Aussagen nicht in Bezug auf einzelne von ihnen, sondern auf ein System von Aussagen erfolgt, die ein logisch und inhaltlich stimmiges Ganzes ergeben müssen, um als wahr zu gelten. Dazu gehören nicht nur das Kriterium der Konsistenz bzw. Widerspruchsfreiheit, sondern auch darüber hinausgehende Gesichtspunkte methodischer und systematischer Stimmigkeit theoretischer Aussagen im jeweiligen Sinnzusammenhang. Fehlende Kohärenz von inhaltlich zusammenhängenden Aussagen schließt zwar die Wahrheit einzelner Aussagen nicht aus, fordert aber zusätzliche rechtfertigende Begründungen für die Wahrheit der einen und die Unwahrheit anderer Aussagen in dem jeweiligen Sinnzusammenhang.

B-007 - Dritte notwendige Voraussetzung von Wissen ist die **Rechtfertigung** der Aussage, d.h. dass der Aussagende gute, intersubjektiv nachvollziehbare (d.h. vernünftige) Gründe für seine Überzeugung angeben kann. Eine solche Rechtfertigung (und damit Wissen) ist nur vernunftbegabten Lebewesen möglich, denn sie setzt die Möglichkeit einer Reflexion über die rechtfertigenden Gründe voraus.

Welche Anforderungen an die Rechtfertigung für die Zuschreibung von Wissen zu stellen sind, hängt vom Inhalt der Aussage ab. Grundlage unserer Rechtfertigungen ist das, was wir und andere für evident halten, d.h. ob ihre Richtigkeit uns als unmittelbar einleuchtend erscheint oder jedenfalls in einem uns überzeugenden gedanklichen Verfahren auf eine evidente Grundeinsicht zurückgeführt werden kann. Dabei kann von Evidenz im philosophischen Sinne nur gesprochen werden, wenn die von ihr ausgehende Überzeugungskraft grundsätzlich allen vernunftbegabten Wesen vermittelbar ist. Es gibt eine Stufung von Evidenzen: Stärkere verdrängen schwächere Einsichten. Evidenz bedeutet also nicht schlechthin Unwiderlegbarkeit der Argumentation. Dieser Umstand erklärt, dass wir im Bereich unseres Alltagslebens unsere Überzeugung zum Teil auf starke Evidenzen gründen und gut rechtfertigen können, während wir in anderen Bereichen unserer Wahrnehmung, insbesondere in komplexen wissenschaftlichen Zusammenhängen nur über sehr schwache oder sogar einander widersprechende und deshalb mitunter schwer intersubjektiv vermittelbare Evidenzerfahrungen verfügen.

Bei der Rechtfertigung von Überzeugungen kann sich ergeben, dass die gemachte Aussage zwar wahr ist, aber aus anderen Gründen als dies die Rechtfertigung nahelegt (z.B.: Paul schaut auf die Turmuhr, die auf 15:05 Uhr steht und rechtfertigt damit seine Aussage, dass es jetzt 15:05 Uhr ist. Tatsächlich ist die Uhr stehen geblieben und zeigt lediglich zufällig auf die korrekte Zeit.) Derartige Fälle, die als sog. **Gettier-Fälle** in der Philosophie diskutiert werden, zeigen, dass eine Rechtfertigung für die Zuschreibung von Wissen nur dann als hinreichend angesehen werden kann, wenn alle dabei ggf. unreflektiert gemachten Annahmen (hier: dass die Turmuhr richtig geht und nicht steht) sorgfältig bedacht sind und die Rechtfertigung allen vernünftigerweise denkbaren Zweifelsargumenten gegenüber standhält.

Im Zusammenhang mit der scheinbar selbstverständlichen Forderung nach einer Begründung für Aussagen, die mit Wahrheitsanspruch auftreten, stellt sich die grundsätzliche Frage, was überhaupt als „Grund" angesehen werden kann und welche Arten von „Gründen" es gibt. Hierauf wird später in der Auseinandersetzung mit dem „Satz vom hinreichenden Grund" (Leibniz) näher eingegangen.

Subjektives und objektives Wissen

B-008 - Von Wissen kann man einerseits bezogen auf die in Aussagesätzen formulierten Überzeugungen einzelner Individuen sprechen im Sinne von „sich bewusst sein, dass sich etwas so und so verhält", etwa wenn Klaus sagt: „Ich weiß, dass ich gestern früh um 7 Uhr aufgestanden bin.". Dies ist subjektives Wissen, ein mentaler Zustand eines einzelnen Individuums. Propositionales Wissen liegt hier nur vor, wenn Klaus seine Aussage angemessen rechtfertigen kann und er nicht wegen einer defekten Uhr lediglich den falschen Eindruck hatte, um diese Zeit aufgestanden zu sein.

Andererseits kann Wissen auch objektiv verstanden werden als Eigenschaften von Aussagen, die unabhängig davon sind, wessen sich konkrete Individuen bewusst sind. Von objektivem Wissen gehen wir z.B. aus, wenn wir vom „physikalischen Wissen im 17. Jahrhundert" sprechen. Dabei haben wir nicht mentale Zustände einzelner Individuen im Blick, sondern den Inhalt der in einer bestimmten Zeitperiode allgemein als gerechtfertigt angesehenen Überzeugungen zu bestimmten Themen. „Objektiv" bedeutet dabei nicht, dass dieses Wissen aus heutiger Sicht als inhaltlich zutreffend anzusehen wäre. Der „objektive" Wissensstand beschreibt lediglich den allgemeinen Wissensstand in einer Zeitperiode als Bestandteil des „Zeitgeistes" dieser Epoche. Das objektive Wissen ist Teil des sich im Zeitablauf ändernden, unpersönlichen objektiven Geistes, der zwar als von einzelnen Individuen abgelöst betrachtet wird, immer aber auch in einzelnen Individuen der jeweiligen Zeitperiode nachweisbar vorhanden gewesen sein muss.

Wissen im Alltagsleben

B-009 - Wissen von „etwas" haben wir nicht nur im Bereich der Wissenschaften, sondern vor allem auch im Alltagsleben. Diese Art von Wissen ist für unsere Lebensgestaltung sogar bedeutsamer, weil sie Voraussetzung für ein selbstbestimmtes Leben ist. Wissenschaftliches Wissen nehmen wir demgegenüber ganz überwiegend, wenn nicht ausschließlich, als für uns fachlich nicht überprüfbare Ergebnisse der Einzelwissenschaften wahr. Unsere persönliche Lebensgestaltung (soweit sie überhaupt rational ist) basiert, schon wegen der Vielfalt, Komplexität und ständigen Veränderung der Aussagen von Wissenschaftlern, zumeist nur auf Plausibilitätsüberlegungen über das, was wir für das überzeugendste Argument halten. Hierin zeigt sich die Abhängigkeit unserer Überzeugungen von dem Zusammenwirken der sich in unserem Geist bildenden schwächeren oder stärkeren Evidenzen, wobei eine stärkere Evidenz eine schwächere verdrängt.

Wissenschaftliches Wissen

B-010 - Wissenschaftliches Wissen unterscheidet sich vom „Alltagswissen" vor allem dadurch, dass es auf Theorien basiert und nach bestimmten Untersuchungsmethoden gewonnen und gerechtfertigt wird. Die Methoden zur Erlangung von Wissen (= wahrer gerechtfertigter Überzeugung) können je nach dem Gegenstand der Untersuchung sehr verschieden sein. Deshalb gibt es nicht *den* allgemeinen wissenschaftlichen Ansatz und *die* allgemeine wissenschaftliche Methode. Philosophische wissenschaftstheoretische Überlegungen können nur allgemeine Orientierungspunkte für die aus dem jeweiligen wissenschaftlichen Erkenntnisinteresse zu gewinnenden Methoden darstellen.

Alles Wissen besteht aus falsifizierbaren Hypothesen

B-011 - Die Anforderungen an die Rechtfertigung unserer Wissensansprüche als „wahre gerechtfertigte Überzeugung" von etwas dürfen nicht überspannt werden. Absolute Wahrheit gibt es nicht. Uns stehen nur jeweils die relativ besten Argumente als rechtfertigende Begründung für das zur Verfügung, was wir Wissen nennen. Insofern sind alle Aussagen, die wir als wahr bezeichnen, nur Hypothesen, die falsifiziert (d.h. intersubjektiv mit vernünftigen Argumenten als falsch dargetan) werden können. Wenn wir von Verifizierung sprechen, kann dies nur bedeuten, dass wir offen sind für eine Widerlegung unserer Hypothesen und dass eine Falsifizierung trotz redlichen Bemühens nicht gelungen ist. Eine in diesem Sinne bewährte Hypothese können wir als wahr betrachten, weil es keine bessere Wahrheit gibt. (K. Popper, kritischer Rationalismus) Aussagen, die wegen ihrer Struktur oder ihres Inhalts grundsätzlich nicht falsifizierbar sind, können nicht im philosophischen Sinne wahrheitsfähig sein. Sie gehören in den Bereich der Glaubenssätze und bloßen Meinungen oder geben nur Gefühlen Ausdruck.

Falsifizierbarkeit nicht auf Empirie beschränkt

B-012 - Falsifizierbarkeit ist nicht auf den Bereich naturwissenschaftlicher Experimente oder auf sonstige empirische Untersuchungen beschränkt. Auch die allgemeinen Denkgesetze können Argumente für oder gegen bestimmte Hypothesen liefern. Dabei ist nicht entscheidend, ob sich dies auf den Bereich reinen Denkens (a priori) oder (zusätzlich) auf den Bereich der (sinnlichen) Erfahrung (a posteriori) bezieht. Philosophisches Wissen im Sinne einer Falsifizierung liegt z.B. vor, wenn man zeigen kann, dass eine bestimmte Aussage nicht wahr sein kann, weil sie logisch inkonsistent ist oder weil sie im Widerspruch steht zu einem mit guten Gründen nicht bestrittenen

Gesamtzusammenhang, in den sie eingebettet ist (= weil sie inkohärent ist). (H. Schnädelbach)

Erkenntnis durch denkenden Zugriff auf Sinnenreize

B-013 - Der grundsätzlichen Erkennbarkeit des Wirklichen (der Realität) steht nicht entgegen, dass wir Dinge und Tatsachen aus unserer Umwelt nur über Sinnenreize vermittelt wahrnehmen, dass diese in unserem materiellen Körper (einschließlich des Gehirns) verarbeitet werden und dass die Funktionsfähigkeit unseres Gehirns notwendige materielle Voraussetzung unseres Erkenntnisvermögens ist. Die Unterschiedlichkeit unserer Sinnenreize und die daraus folgenden Unterschiede bei der Erkenntnis der Wirklichkeit können nicht ausschließlich durch die Beschaffenheit unseres Erkenntnisapparats begründet sein, denn die Dinge und Tatsachen, die wir wahrnehmen, liegen nicht in unseren Sinnesorganen, sondern bestehen davon unabhängig. Sie werden auch von anderen Menschen (auch von Tieren) häufig ähnlich oder gleich wahrgenommen. Die bei der Erkenntnis der Wirklichkeit im erkennenden Individuum entstehenden mentalen Zustände kann man als „Repräsentationen" realer Dinge oder Tatsachen oder als „Erscheinungen" auffassen. Entscheidend ist, dass diese grundsätzlich kausal mit der Wirklichkeit verknüpft sein können und zumeist auch sind. Kant, der davon ausgeht, dass lediglich die im Erkenntnisapparat der Lebewesen entstehenden „Erscheinungen" Gegenstand der Erkenntnis sein können, weist zutreffend darauf hin, dass Gegenstände „unsere Sinne rühren", dass sie „Vorstellungen bewirken" und dass Dinge an sich die „Ursache der Erscheinungen" sind. (O. Höffe) „Auch wenn es stimmt, dass wir die Welt nicht ohne einen konzeptuellen Referenzrahmen beschreiben können, können wir doch die Angemessenheit solcher Beschreibungen überprüfen, indem wir mit der Welt interagieren. Wir erfahren etwas über die Welt nicht nur, indem wir sie beobachten und beschreiben, sondern indem wir mit ihr in

Interaktion treten." (A.F. Chalmers) Es ist deshalb nicht vernünftig begründbar, dass die von uns wahrgenommene Umwelt in all ihrer Komplexität und Vielfalt nur ein Produkt unseres Erkenntnisapparats, unserer Gehirne oder einer „übersubjektiven Subjektivität" (O. Höffe) sein soll. Der Solipsismus oder die Idee, dass wir „Gehirne im Nährlösungstank" seien, die alles nur halluzinierten, ist absurd. Dies bedeutet nicht, dass wir uns nicht täuschen oder halluzinieren könnten. Den Begriffen Täuschung, Illusion, Halluzination usw. liegt aber bereits inzidenter die Auffassung zugrunde, dass es das Gegenteil, nämlich die Erkennbarkeit von Realität, grundsätzlich gibt. Wie sonst sollte es jemals möglich sein, etwas als Täuschung usw. zu erkennen?

Erkenntnis impliziert keine Vollständigkeit

B-014 - Die Erkenntnis des Realen bedeutet nicht, dass ein Gegenstand vollständig erkannt und verstanden werden muss, um von einer Erkenntnis sprechen zu können. Vollständigkeit der Erkenntnis eines Gegenstandes im Sinne von „Erkenntnis aller denkbaren Eigenschaften eines Gegenstandes" kann es nicht geben. Sie zu postulieren, setzt die allwissende Sicht auf einen Gegenstand voraus, die unmöglich ist. Uns sind alle Gegenstände nur in dem Maße zugänglich, wie wir sie erkennen können.

Unmöglichkeit einer allwissenden Perspektive

B-015 - Da eine Sicht von Nirgendwo (aus einer allwissenden Perspektive) auf die Welt bzw. die sie ausmachenden Gegenstände (= Dinge und Tatsachen) unmöglich ist, kann es keine sinnvollen Aussagen über ein „Ding an sich" geben. Alle Eigenschaften von Gegenständen, die wir wahrnehmen oder aufgrund unserer Erfahrung und unserer Denkfähigkeit über die unmittelbare Wahrnehmung hinaus als Eigenschaften dieser Gegenstände erkennen, sind der Gegenstand.

Andere Individuen mögen (auch mit Hilfe neuerer Untersuchungsmethoden oder -geräte) im Zusammenhang mit diesen Gegenständen weitere Eigenschaften erkennen. Hierdurch kann sich die individuelle und kollektive Überzeugung, welche Eigenschaften einen Gegenstand ausmachen, erweitern und verändern. Dies ändert aber nichts daran, dass es intersubjektiv nachvollziehbare wahrheitsfähige Aussagen über ein „Ding an sich" nicht geben kann. Was hier gemeint ist, kann man sich ungefähr anhand einer u.a. im Bonner Rheinaue-Park zu besichtigenden Skulptur verdeutlichen, die mehrere blinde Personen zeigt, die unterschiedliche Körperteile eines Elefanten betasten und nun zu ganz unterschiedlichen Aussagen dazu kommen, welche Eigenschaften ein Elefant hat, was ein Elefant „ist". Die menschliche Erkenntnis ähnelt derjenigen eines dieser blinden Personen, die niemals den ganzen Elefanten sehen und nur begrenzte Tasterfahrungen von einzelnen Körperteilen des Elefanten machen können. Die einzelnen Menschen und der Menschheit insgesamt nur begrenzt möglichen „Tasterfahrung" zu einzelnen Elementen der sie umgebenden und sie selbst beinhaltenden Welt sind aber unzweifelhaft Erkenntnisse der Wirklichkeit, auch wenn dabei wegen der nur begrenzten sinnlichen und gedanklichen menschlichen Fähigkeiten ein „Ding an sich" (hier im übertragenen Sinne: der Elefant mit all seinen äußeren und inneren Merkmalen) niemals erfasst werden kann.

Gegen Idealismus und radikalen Konstruktivismus

B-016 - Die These, menschliche Erkenntnisse seien vollständig oder ganz überwiegend Illusion, ist falsch. Auch die Auffassung, dass die Welt, wie sie dem Menschen erscheint, vorrangig und ursprünglich durch das menschliche Denken bestimmt sein soll (erkenntnistheoretischer Idealismus) ist unzutreffend. Dies gilt auch für den radikalen Konstruktivismus, demzufolge sämtliche Erkenntnis eine Konstruktion menschlichen Denkens sein soll. Soweit der Erkenntnis der

Wirklichkeit mentale Konstruktionen zugrunde liegen, handelt es sich um Versuche einer gedanklichen Erfassung des Realen, die als fallible (d.h. widerlegbare) Hypothesen stets weiter an der Realität gemessen werden müssen. Dies schließt jedoch nicht aus, dass menschliche Vorstellungen über die Beschaffenheit der Wirklichkeit in manchen Bereichen (vor allem dem der sozialen Beziehungen) weniger auf unmittelbaren eigenen Erkenntnissen der Individuen beruhen, sondern stärker auf geistig-emotionalen Prägungen (etwa durch Erziehung, Bildung und soziales Milieu), die als mentale Konstruktionen den Blick auf die Realität verstellen können. In welchem Maße dies in Bezug auf eine konkrete Situation der Fall ist, entzieht sich rein philosophischer Analyse. Hierauf können Einzelwissenschaften wie z.B. die Psychologie, Soziologie, Politologie, Geschichtswissenschaft, Literaturwissenschaft Antworten geben. Auch in den Naturwissenschaften gab und gibt es immer wieder Perioden, in denen die Forschung gewissen von Menschen gemachten Vorstellungsbildern (sog. Paradigmen) folgt, die das Verständnis der Wirklichkeit prägen, bis diese Paradigmen durch neue Erkenntnisse erschüttert werden und geänderten grundlegenden Anschauungen über die Wirklichkeit Raum geben. (Th. Kuhn)

Empirischer und denkender Zugang zur Realität

B-017 - Mir ist unmittelbar einsichtig, dass ich Zugang zu mir selbst und meiner Umwelt sowohl über meinen verstandesmäßigen Zugriff auf die in meinen Sinnesorganen entstehenden Reize als auch durch gewisse allein aus Denkvorgängen gewonnene Einsichten habe, wobei auch die aus reinen Denkvorgängen gewonnenen Einsichten in der sinnlich wahrnehmbaren Welt ihre Gültigkeit behalten.

So kann ich etwa beim Nachdenken über ein Dreieck deutlich zwischen dem tatsächlich auf einem Blatt Papier gezeichneten und dem bloß gedachten Dreieck auf einer geraden Fläche unterscheiden.

Während das gezeichnete Dreieck bei genauer Betrachtung stets Ungenauigkeiten aufweist, trifft dies für das gedachte Dreieck nicht zu. Es befindet sich in einer bloß gedachten, einer idealen Sphäre. Innerhalb dieser idealen Sphäre stößt das Denken an bestimmte immanente Grenzen, die unabhängig davon bestehen, ob ich sie erkenne oder nicht. So ist z.B. nicht von vornherein erkennbar, wie groß die Summe der Innenwinkel jedes Dreiecks ist und ob diese Winkelsumme für verschiedene Dreiecke immer gleich oder verschieden ist. Erst nähere geometrische Untersuchungen zeigen, dass es denkunmöglich ist, sich ein Dreieck auf einer geraden Fläche vorzustellen, bei dem die Summe der Innenwinkel größer oder kleiner als 180 Grad ist. Diese oder ähnliche in der idealen Sphäre reinen Denkens gewonnenen Erkenntnisse kann ich mir nun bei der Umsetzung in praktische Zeichnungen zunutze machen (etwa um festzustellen, wie viel Holz ich für eine Konstruktion benötige). Es gibt innerhalb der idealen Sphäre reinen Denkens also vom Menschen nicht beeinflussbare Gesetzmäßigkeiten, die bei Anwendung auf die Praxis trotz der hierbei auftretenden Ungenauigkeiten gleichermaßen gültig sind.

Jede bewusste Wahrnehmung ist „intentional"

B-018 - Über das, was auf uns einwirkt, ohne dass wir uns dessen bewusst sind, können wir keine Aussagen machen. Haben wir aber eine bewusste Wahrnehmung, so ist dies zugleich die Wahrnehmung von „etwas", das wir als „das Wahrgenommene" mehr oder weniger präzise bezeichnen können. Diese mit bewusster Wahrnehmung stets verbundene Wahrnehmung von „etwas" wird in der Philosophie als „Intentionalität" der Wahrnehmung bezeichnet. (B. Bolzano, E. Husserl) Ihr liegt die Einsicht zugrunde, dass jede Aussage über etwas von uns Wahrgenommenes einen Akt von uns als einem denkenden Subjekt beinhaltet. Die Grenzen dessen, was wir überhaupt wahrnehmen können, ergeben sich zum einen aus der Beschaffenheit unserer

Sinnesorgane und zum anderen aus den jedem Denken allgemein vorgegebenen Gesetzmäßigkeiten des Verstandes. Dabei ist das einzelne Wahrgenommene stets eingebettet in ein größeres Sinnfeld von anderem Wahrgenommenem oder gewohnheitsmäßig Angenommenem. Diese Wahrnehmungen bilden einen Erlebnisstrom, in dem einzelne Gegenstände - je nachdem, worauf sich unser Bewusstsein primär richtet - mehr oder weniger in den Vordergrund unseres Bewusstseins treten oder eher im Hintergrund allgemeiner Vorstellungen verbleiben.

Intentionalität auch bei nur vorgestellten Gegenständen

B-019 - Nicht nur bewusste sinnliche Wahrnehmungen sind intentional, sondern auch die allein in unserem Denken entstehenden Vorstellungen von (bisher oder überhaupt) nicht existierenden Dingen und Tatsachen (z.B. geplanten Dingen oder Tatsachen, Fabelwesen, Trauminhalten, emotionalen Zuständen). Auch diese sind Vorstellungen von „etwas", das wir in Begriffe fassen müssen, um darüber Aussagen machen zu können.

Übergang empirischer Erfahrung in ideale Begriffe

B-020 - Durch die begriffliche Erfassung und Benennung des Wahrgenommenen wird das Wahrgenommene in eine ideale (d.h. nur gedachte) Sphäre überführt. Wenn ich z.B. sage, „Das ist ein Tisch", ordne ich meine Wahrnehmungen in einen von meiner konkreten Wahrnehmung ablösbaren Begriff ein, über den ich mit anderen Menschen sprechen kann, ohne dass diese den gemeinten Gegenstand (den sie selbst vielleicht gar nicht für einen Tisch halten würden) überhaupt gesehen haben. Nachdem ich die begriffliche Einordnung meiner Wahrnehmung als Tisch vorgenommen habe, bewegt sich die weitere Verwendung des Begriffs Tisch im idealen Bereich, obwohl sein

Inhalt aus der empirischen Erfahrung gewonnen ist. Meine Vorstellungen von einem Tisch kann ich im idealen Bereich des Denkens verändern, z.B. kann ich bei der Diskussion darüber, wie viele Beine ein Tisch haben könnte, ohne erneute empirische Experimente durch reines Denken zu dem mathematisch beweisbaren Ergebnis kommen, dass dreibeinige Tische (unter irdischen Gravitationsbedingungen) nicht wackeln. Dieses Ergebnis kann ich wiederum in die tatsächliche Sphäre praktischer Anwendung überführen. Verallgemeinert gedacht erklärt dieser Vorgang, wie menschliche Erfindungen zustande kommen. Eine zunächst in der idealen Sphäre gewonnene theoretische Erkenntnis wird in der Praxis nutzbar gemacht.

Zusammenspiel empirischer und rein idealer Begriffe

B-021 - In unserem Denken vollzieht sich ein Zusammenspiel empirisch gewonnener und rein idealer Begriffe, Sätze und Urteile. Wenn Menschen die körperliche Gestalt von Insekten hätten, kämen sie gar nicht auf die Idee, Begriffe wie Tisch oder Stuhl zu bilden, die unserem Vorstellungsbild entsprechen, und sie in Sätzen und Urteilen zu verwenden. Daraus folgt, dass trotz der Einordnung von Begriffen wie Tisch oder Stuhl in die ideale Sphäre des Denkens, diese Begriffe ohne die Erfahrungen mit unserer ganz spezifischen menschlichen Körperlichkeit gar nicht gedacht würden. Dies macht deutlich, dass die Abhängigkeit von menschlichen Erfahrungen immanente Voraussetzung für einen sehr großen, wenn nicht den größten Teil menschlicher Begriffsbildungen ist. Wir nehmen eine sich ständig ändernde Fülle von Dingen und Tatsachen wahr, zwischen denen wir bestimmte Wirkungszusammenhänge erkennen (oder fälschlicherweise vermuten) und die wir in unterschiedlichen Sinnfeldern jeweils begrifflich einordnen. Die hierbei gebildeten Begriffe können im Gegensatz zu den am Beispiel der Winkelsumme von Dreiecken aufzeigbaren „reinen"

Gesetzmäßigkeiten des Denkens nicht als erfahrungsunabhängige Begriffe bezeichnet werden.

Apriorische und aposteriorische Urteile

B-022 - Es ist sinnvoll, mit Kant zu unterscheiden zwischen apriorischen und aposteriorischen Urteilen zur Kennzeichnung einerseits von Urteilen, die im reinen Denken a priori, d.h. vor jeglicher Erfahrung, getroffen werden können, und andererseits solchen, die im Nachhinein (a posteriori) auf eine Bestätigung durch von Sinnenreizen vermittelte Erfahrungen angewiesen sind. Dabei gilt: „Ohne Sinnlichkeit würde uns kein Gegenstand gegeben und ohne Verstand keiner gedacht werden. Gedanken ohne Inhalt sind leer, Anschauungen ohne Begriffe sind blind." (I. Kant) Dies bedeutet, dass es sich bei apriorischen Urteilen nur um die abstrakten, formalen Gesetzmäßigkeiten unseres Denkens handelt, die gemeinsame Merkmale aller menschlichen Vernunft sind und mit Notwendigkeit und Allgemeinheit gelten. Dies trifft insbesondere auf grundlegende Gesetze der Logik zu, ohne die wir nicht zu sinnvollen Schlüssen kommen könnten, wie z.B. dem Satz von der Identität des Ununterscheidbaren oder dem Satz vom ausgeschlossenen Widerspruch.

Analytische und synthetische Urteile

B-023 - Die Unterscheidung von analytischen und synthetischen Urteilen im Sinne Kants ergibt sich als zwingende logische Konsequenz aus der gedanklichen Struktur der jeweiligen Aussagen:

Analytisch ist ein Urteil der Art: „Ein Rappe ist ein schwarzes Pferd" (mit dem Subjekt S = „Rappe" und dem Prädikat P = „schwarzes Pferd"). Hier ist das Prädikat bereits nach der rein sprachlichen Bedeutung „versteckterweise" im Subjekt enthalten. Die Aussage ist eine Tautologie. Durch eine bloße Analyse des Begriffsinhalts des

Subjekts ergibt sich die logische Wahrheit der Aussage. Eine darüberhinausgehende Erkenntnis vermittelt das analytische Urteil nicht.

Synthetische Urteile unterscheiden sich von analytischen dadurch, dass sich ihre Wahrheit nicht als Aufdeckung einer versteckten Tautologie mit Hilfe logischer Gesetze und sprachlicher Bedeutungsregeln verstehen lässt. Als Erweiterungsurteile behaupten sie etwas, das über das im Subjekt bereits Gemeinte hinausgeht. In der Regel erfordern sie eine Bestätigung durch empirische Erfahrung, etwa wenn ich sage „Das Pferd von Karl ist braun". Da Pferde unterschiedliche Farben haben können, bedarf es hier einer Rechtfertigung der Aussage über intersubjektiv überprüfbare Sinneseindrücke.

Apriorische/aposteriorische und analytische/synthetische Urteile

B-024 - Die vier Möglichkeiten einer Verknüpfung der Begriffe apriorisch/aposteriorisch und analytisch/synthetisch im Sinne Kants geben wichtige Ansatzpunkte zur Klärung philosophischer Kernfragen.

Synthetische Urteile a posteriori entsprechen den empirischen Urteilen, die die Erkenntnis durch Erfahrung erweitern.

Analytische Urteile a posteriori kann es schon dem Wortsinn nach nicht geben, weil definitionsgemäß jedes analytische Urteil bereits a priori gültig ist, unabhängig davon, ob die dabei verknüpften Begriffe aus der Sinneserfahrung gewonnen sind oder nicht.

Analytische Urteile a priori sind philosophisch von geringerem Interesse, weil bloßes Zergliedern von Begriffen die Erkenntnis nur der Form nach, nicht dem Inhalt nach erweitert.

Philosophisch bedeutsam ist jedoch, ob und ggf. wie *synthetische Urteile a priori* möglich sind, also ob und ggf. inwieweit unabhängig von aller sinnlich vermittelten Erfahrung allein aus dem Denken Kenntnisse über die Beschaffenheit der Welt bzw. über die unser Denken und unsere Erkenntnis bestimmenden Gesetzmäßigkeiten zu gewinnen sind. Dies ist der zentrale Gedanke von Kants „Kritik der reinen Vernunft".

Quines einschränkende Kritik an analytisch/synthetisch

B-025 - Die vom Philosophen W.v.O.Quine 1951 in seinem Aufsatz „Zwei Dogmen des Empirismus" vorgebrachten Argumente gegen eine strikte Unterscheidung von analytischen und synthetischen Sätzen mindern nicht die grundsätzliche Bedeutung dieser Unterscheidung. Sie weisen jedoch zutreffend darauf hin, dass jede propositionale Aussage in einem Sinnzusammenhang mit anderen Aussagen steht (Holismus) und sich innerhalb dieses Gesamtzusammenhangs nicht immer scharf bestimmen lässt, ob sich die Wahrheit mancher Sätze allein durch die in ihnen verwendeten Teilausdrücke ergibt (= analytisch) oder von deren Übereinstimmung mit der Wirklichkeit herrührt (= synthetisch). Er kommt deshalb folgerichtig zu der Auffassung, die Wissenschaften und die Philosophie bildeten „zusammen ein Netz von Aussagen, dessen Zentrum die Logik und dessen Rand die Beobachtungssätze bilden, während der empirische Gehalt sich über das ganze Netz verteile. Im Prinzip seien dabei alle Sätze revidierbar, eine Änderung der Sätze im Zentrum erfordere aber einen weit größeren Aufwand als eine der Sätze am Rande." (O. Höffe) Damit wird anerkannt, dass es hinsichtlich des erkenntnistheoretischen Ranges von Sätzen eine Stufenfolge gibt, bei der den Beobachtungssätzen der Erfahrungswissenschaften geringerer Rang zukommt als den allgemeinen Theorien über die Natur bis hin zur Mathematik, Ontologie und schließlich der Logik. Schon Kant legt „auf einen Umstand wert, den auch Quine kaum bezweifelt: dass die Erfahrung, wie auch immer man analytische von synthetischen Sätzen genau abgrenzt, nichtanalytischer, also erfahrungsbezogener Elemente bedarf." (O. Höffe) Im Übrigen hängt die Frage, ob eine Aussage als analytisch anzusehen ist, stets von frei vereinbaren Begriffsdefinitionen ab.

Synthetisch-apriorische Urteile strukturieren das Denken

B-026 - Unser Erkenntnisvorgang wird nicht nur durch unsere sinnliche Wahrnehmung, sondern auch durch menschliches Denken allgemein und notwendig bestimmende Gesetzmäßigkeiten gestaltet, welche dem Inhalt nach dem Verstand entspringen, unser Denken strukturieren und deshalb nicht analytisch (tautologisch), sondern synthetisch sind. Der Erkenntnisvorgang lässt sich in Anlehnung an Kant wie folgt skizzieren: „Die Anschauung vermittelt materialiter eine Mannigfaltigkeit unstrukturierter (optischer, akustischer …) Empfindungen, die formaliter durch Raum und Zeit eine erste Ordnung erhalten. Damit aus den erst raumzeitlich geordneten Empfindungen ein objektiver Gegenstand wird, bedarf es eines Begriffs, das heißt nicht eines Wortes oder Namens, sondern einer Regel, die zweierlei stiftet: Einheit und Bestimmtheit. Der Begriff eines Stehpultes zum Beispiel verbindet Elemente wie Schreib- bzw. Ablagefläche und tragende Füße zur bestimmten Einheit des entsprechenden Möbelstücks. Die dabei geleistete Synthesis (Verknüpfung) stammt nicht aus den Empfindungen, sondern verdankt sich der Eigentätigkeit (Spontaneität) des Verstandes. […] Ohne das Denken gibt es für uns noch keine Welt. […] Da Begriffe Regeln sind, bedeuten sie auch im Fall eines empirischen Begriffs ein Allgemeines, beim Stehpult etwa jedes entsprechende Möbel, gleich wie und aus welchem Material es hergestellt ist. Empirische Begriffe entstehen in einer dreistufigen Synthesis von Apprehension (Zusammenfassung) der Vorstellungen im Gemüt, Reproduktion (Wiedergabe) in der Einbildung und Rekognition (Wiedererkennen) in Begriff." (O. Höffe) Die Fähigkeit zur Verarbeitung sinnlicher Eindrücke in gedankliche Begriffe allein erklärt jedoch noch nicht, was dazu befähigt, im weiteren mentalen Prozess die abstrakten Begriffe zu sinnvollen konkreten Aussagen zusammenzuführen. Denn, das Allgemeine abstrakt einzusehen, ist etwas anderes als zu unterscheiden, ob ein einzelner Fall darunter gehört. Diese Leistung des

Denkens bezeichnet Kant als Urteilskraft. Sie befähigt dazu, den allgemeinen Begriff und den anschaulichen konkreten Fall zusammenzubringen. Hierzu bedarf es einer Vorstellung, die sowohl Anschauungs- als auch Begriffscharakter hat, die also Anschauungen „verbegrifflicht" bzw. Begriffe veranschaulicht. Kant nennt diese Methode, die es möglich macht, sich den Einzelfall zu erarbeiten und zu entscheiden, bei welcher Konstellation von sinnlichen Empfindungen man welchen empirischen Begriff anzuwenden hat, ein „Schema". Auch diese Schemata sind apriorische Gesetzmäßigkeiten, die unser Denken bestimmen. (O. Höffe)

Transzendentales Denken als Methode der Philosophie

B-027 - **Transzendentale** Überlegungen im Sinne Kants stellt man an, wenn man über den möglichen Inhalt synthetischer Urteile a priori nachdenkt, d.h. darüber wie unsere Erkenntnis von uns selbst und unserer Welt durch Gesetzmäßigkeiten des Denkens bestimmt wird, die vor jeder empirischen Erfahrung gegeben sind. Wenn wir nach den „Bedingungen für die Möglichkeit von etwas" fragen und dabei jegliche Bezugnahme auf empirische Erfahrungen ausblenden, überschreiten wir sozusagen die Grenze zwischen empirischer Erfahrung und reinem Denken mit dem Ziel, die im bloßen Denken liegenden Voraussetzungen jeglicher Erkenntnis zu erfassen (daher die Anlehnung des Begriffs „transzendental" an das lateinische Wort „transcendere" = überschreiten). Wir können auf diese Weise – wenn auch inhaltlich nur in sehr geringem Umfang – Grundlagen unserer Welterkenntnis auf apriorische Grundlagen stellen, die intersubjektiver (verstandesmäßiger) Prüfung zugänglich sind. Wenn wir sagen „Ich kann denken", so ist damit die (isoliert gesehen inhaltsleere) Fähigkeit gemeint, Vorstellungen nach den apriorisch dem menschlichen Geist vorgegebenen Gesetzmäßigkeiten zu Begriffen, Sätzen und Urteilen zusammenfügen zu können. Diese Fähigkeit ist Voraussetzung jeglicher

Erkenntnis. Sie ist in geringerem Maße als beim Menschen auch bei sonstigen tierischen Lebewesen vorhanden, denen allerdings die Fähigkeit der Reflexion über ihre Denkfähigkeit fehlt und denen deshalb zwar zum Teil Bewusstsein aber kein Selbstbewusstsein zuzuerkennen ist.

Transzendentale Aussagen sind von **transzendenten** Aussagen streng zu unterscheiden. Transzendente Aussagen bzw. Aussagen über Transzendentes gehören nicht in den Bereich der Philosophie. Sie sind rein subjektive (private) Aussagen zu Glaubensüberzeugungen, die rational nicht begründbar und deswegen auch nicht intersubjektiv überprüfbar sind, was nicht bedeutet, dass sie unwahr sein müssen. Die Kriterien „wahr" oder „falsch" im philosophischen Sinne gelten für sie einfach nicht. Allerdings müssen sie sich hinsichtlich ihrer Auswirkungen auf das Zusammenleben der Menschen an allgemeingültigen sozialethischen Maßstäben messen lassen und können, falls sie ethischen Grundsätzen widersprechen, durchaus als falsch erkannt und bezeichnet werden.

Inhalt transzendentaler (synthetisch-apriorischer) Urteile

B-028 - Zu den unmittelbar evidenten apriorischen Grundlagen des Denkens gehört die *reine und allgemeine Logik*. Ohne die Einhaltung solcher Regeln wäre vernünftiges Denken und Handeln schlechterdings nicht vorstellbar. Deshalb kann es nur *eine* menschliche Vernunft geben und es ist nur *ein* wahres System derselben aus Prinzipien möglich. (I. Kant) Für welche Elemente der Logik bzw. für welche Schlussformen die Voraussetzungen zwingender logischer Notwendigkeit und Allgemeingültigkeit anzuerkennen sind, ist damit allerdings nicht abschließend gesagt, sondern war und ist Gegenstand wissenschaftstheoretischer Forschung. Synthetischen Charakter gewinnt die Logik durch ihre Bestätigung in der empirischen Erfahrung.

Apriori festliegende Struktur unseres Denkens ist auch die *Raumzeitlichkeit* unserer Wahrnehmung von Dingen und Tatsachen. Dies gilt auch bei Zugrundelegung der Raumzeit-Vorstellungen von Einsteins Allgemeiner Relativitätstheorie, die Raum und Zeit als gekoppelte physikalische Elemente begreift, und auch nicht nur bezogen auf eine bloß dreidimensionale Raumvorstellung. Denn bereits die Strukturierung unseres Erkenntnisvorgangs durch Raum- und Zeitvorstellungen als solche (also durch die bloße „Raumzeitlichkeit") bestimmt unser Denken a priori. Stets ordnen wir sinnliche Wahrnehmungen raumzeitlich ein: in ihrer räumlichen Position als innen und/oder außen, hier oder dort bzw. in zeitlicher Hinsicht als vergangen, gegenwärtig oder zukünftig.

Auch die *Mathematik* enthält synthetische Urteile a priori. Ihr liegen bestimmte Axiome zugrunde (d.h. als wahr angenommene Grundsätze, deren Wahrheit innerhalb des mathematischen Systems nicht beweisbar sind), aus deren logischer Verknüpfung auf analytischem Wege bestimmte Ergebnisse abgeleitet werden. Der synthetische Charakter mathematischer Schlüsse ergibt sich hier - wie bei den logischen Schlüssen - aus der den theoretischen mathematischen Ergebnissen entsprechenden empirischen Anschauung. Ein zunächst reiner Denkvorgang ermöglicht somit bei seiner Anwendung Aussagen über die Beschaffenheit der Welt. Damit geht sein Inhalt über eine bloß begriffliche Konstruktion hinaus. Hieraus erklärt sich auch, dass wissenschaftliche Forschungsergebnisse und Hypothesen etwa im Bereich der physikalischen Grundlagenforschung häufig auf mathematischem Wege gewonnen, abgeleitet und dargestellt werden.

Synthetisch-apriorischen Charakter haben außerdem die von Kant „*Kategorien*" genannten reinen Verstandesbegriffe, die erklären, wie die „Aufgabe des Verstandes, eine ‚an sich' zusammenhanglose Mannigfaltigkeit zu einer wohlbestimmten Einheit zu bringen," (O. Höffe) gelöst wird. Bei der Ermittlung der Kategorien geht es darum, welche formalen Urteilsformen überhaupt denkmöglich sind.

Nach Kant lassen sich an jedes Urteil hinsichtlich seiner Form genau vier elementare Fragen stellen, auf die es je drei mögliche Antworten gibt. Seine **Urteilstafel** besteht aus vier Klassen (Quantität, Qualität, Relation und Modalität) mit jeweils drei Optionen (übernommen von O. Höffe):

1. **Quantität**
   - **Allgemeine** (Alle S sind P)   Einheit
   - **Besondere** (Einige S sind P)   Vielheit
   - **Einzelne** (Ein einzelnes S ist P)   Allheit
2. **Qualität**
   - **Bejahende** (S ist P)   Realität
   - **Verneinende** (S ist nicht P)   Negation
   - **Unendliche** (S ist Nicht-P)   Limitation
3. **Relation**
   - **Kategorische**   Inhärenz u.
     (S ist P)   Subsistenz

   - **Hypothetische**   Kausalität u.
     (Wenn: S ist P, dann: Q ist R)   Dependenz

   - **Disjunktive**   Gemeinschaft
     (S ist entweder P oder Q oder R)
4. **Modalität**
   - **Problematische**   Möglichkeit-
     (Es ist möglich, dass: S ist P)   Unmöglichkeit

   - **Assertorische**   Dasein-
     (Es ist wirklich, dass: S ist P)   Nichtsein

   - **Apodiktische**   Notwendigkeit-
     (Es ist notwendig, dass: S ist P)   Zufälligkeit

Was hier gemeint ist, lässt sich an folgendem Beispiel Kants verdeutlichen, in dem die Einordnung in verschiedene Kategorien durchdekliniert wird: „Alle Menschen sind sterblich. Dies Urteil ist der Qualität nach bejahend, der Quantität nach allgemein, der Relation nach kategorisch, der Modalität nach assertorisch." Ob die Kategorientafel Kants alle denkbaren Urteilsformen vollständig und innerlich richtig geordnet erfasst, mag fraglich sein. Überzeugend ist jedoch die ihr zugrundeliegende Erkenntnis, dass unser Denken und Urteilen sich nach formalen Gesetzmäßigkeiten der beschriebenen Art vollzieht.

Ebenfalls synthetisch-apriorischen Charakter haben die der menschlichen Urteilskraft zugrundeliegenden und sie bestimmenden *„Schemata"*. Kant sieht diese Denkschemata in Zuordnung zu den Kategorieklassen:

Quantität: Zahlenbegriff als zeitliches Nacheinander,
Qualität: Quantum als Grad und Größe von Empfindung,
Relation: Dauer, Nacheinander, Gleichzeitigkeit
Modalität: Möglichkeit, Wirklichkeit, Notwendigkeit

Auch im Bereich der Urteilskraft mag weiter klärungsbedürftig sein, welche Gesetzmäßigkeiten das Denken im Einzelnen prägen. Dass solche Gesetzmäßigkeiten unser Denken a priori bestimmen, ist jedoch kaum zu bezweifeln.

Formallogische Grundlagen der Argumentation

B-029 - Grundlage unseres Argumentierens ist der sog. Syllogismus, bei dem aus Prämissen (= Voraussetzungen) eine Konklusion (= Schlussfolgerung) hergeleitet wird. Philosophische Argumentation hat dabei die schon seit Aristoteles allgemein anerkannten drei Denkgesetze oder Grundgesetze der formalen Logik zu beachten, die für uns als notwendige und allgemeine Grundlage jeglicher vernünftigen Argumentation unmittelbar einsichtig (evident) sind. Hierzu gehören:

Der „**Satz der Identität**". Er besagt, dass Dinge, die sich in keiner Hinsicht unterscheiden, identisch sind. Er wird auch „Satz von der Identität des Ununterscheidbaren" genannt.

Der „**Satz vom ausgeschlossenen Widerspruch**". Danach ist es unmöglich, eine Aussage zugleich zu bejahen und zu verneinen. Jeder Versuch, diesen Satz zu beweisen oder zu widerlegen, würde ihn immer schon voraussetzen, weil jede Aussage ja ihre Richtigkeit und nicht das Gegenteil vermitteln soll. Aus diesem Grundsatz folgt auch die Forderung nach einem formal und inhaltlich widerspruchsfreien (kohärenten) Zusammenhang philosophischer Argumentation.

Nach dem „**Satz vom ausgeschlossenen Dritten**" ist bei Oder-Verknüpfung einer Aussage mit ihrer Gegenaussage (etwa dem Satz „An einem bestimmten Ort regnet es jetzt oder es regnet jetzt nicht") eine dritte Möglichkeit ausgeschlossen.

Logik ist kein Teil der Psychologie

B-030 - Obwohl die Denkgesetze der Logik immer auch mit menschlichem Denken zu tun haben, stellt die Logik keinen Teil der (sich selbst als empirische Wissenschaft verstehenden) Psychologie dar. Edmund Husserl weist in seinen „*Logischen Untersuchungen (Widerlegung des Psychologismus)*" von 1901 überzeugend darauf hin, dass die für alles Denken und alle Wissenschaft maßgebenden logischen Gesetze dem idealen (apriorischen) Bereich des Denkens zuzuordnen sind, dessen Inhalt - ebenso wie der Inhalt mathematischer Regeln - nicht aus empirischen Untersuchungen über den menschlichen Organismus und die in ihm wirkenden Denkvorgänge bestimmt werden kann. Die logischen Gesetze enthalten für sich genommen keine psychologisch begründbare Verhaltensforderung für richtiges Denken, sondern legen schlicht die Regeln für theoretisch wahre oder falsche Schlüsse fest. Diese apriorischen Bedingungen des Denkens sind die theoretische Grundlage jeglicher Wissenschaft und Erkenntnis überhaupt, aber für sich genommen ohne Inhalt. Deshalb können sie für sich allein auch keine Evidenzerfahrung über die Realität vermitteln, die die Voraussetzung für die Anerkennung der Wahrheit bestimmter Aussagen bildet. Erst in Verbindung mit der empirischen Erfahrung wird die Logik insofern zum inneren Bestandteil von Evidenzerfahrungen als ein erkannter Verstoß gegen die Logik die Evidenz der Wahrheit einer Aussage zerstört.

Zur Problematik des „Satzes vom hinreichenden Grund"

B-031 - Wir fordern Gründe für die Wahrheit von Aussagen (Urteilen). Dabei kann alles, was geeignet ist, das Fürwahrhalten der Aussage zu legitimieren, Grund für die Wahrheit dieser Aussage genannt werden. „Das Begründungspostulat hängt mit der Tatsache zusammen, dass das schlechthin Zusammenhanglose auch das schlechthin Unbegreifliche ist. Soll daher Einzelnes begreiflich werden, dann ist seine Einbeziehung in einen gedanklichen Zusammenhang zu fordern. Bedingung der Möglichkeit von Begründungen im Allgemeinen ist mithin das Bestehen eines gedanklichen Zusammenhangs, der nicht notwendig durch logische Folgebeziehungen konstituiert sein muss …" (W. Röd) Das von Leibniz mit dem „Satz vom hinreichenden Grund" aufgestellte Ideal absoluter Begründung jeglicher propositionalen Aussage ist allerdings unerreichbar, weil es zu einem unendlichen Begründungsregress führen würde. Die Suche nach immer weiteren noch allgemeineren Gründen muss irgendwann beendet und durch eine Bezugnahme auf objektive Evidenzen ersetzt werden.

Die Begründung kann einerseits darin bestehen, dass man sich auf andere als wahr akzeptierte Aussagen bezieht, aus denen die Wahrheit der Aussage nach formallogischen oder sonstigen Gesichtspunkten gefolgert wird, oder dadurch, dass man sich auf eine sich unmittelbar aus dem beurteilten Sachverhalt ergebende intersubjektiv vermittelbare Evidenz stützt. Da der menschliche Erkenntnisprozess sowohl durch die apriorischen Gesetzmäßigkeiten des Denkens als auch durch die aposteriorischen (erfahrungsabhängigen, empirischen) Anschauungen bestimmt wird, können sich Erkenntnisgründe aus beiden Bereichen ergeben. Als Gründe kommen damit sowohl primär theoretische „Erkenntnisgründe" als auch „Realgründe des Werdens" („Ursachen") in Betracht, wobei zu beachten ist, dass stets mehrere sehr unterschiedliche Gesichtspunkte als Ursachen für einen Sachverhalt zusammenwirken und mitunter nicht eindeutig entscheidbar ist, welches die „Hauptursache" im jeweilig Sinnzusammenhang ist. Sowohl dem physikalischen Begriff der Kausalität als auch dem logischen Begriff der Grund-Folge-Beziehung können demnach Begründungselemente zu entnehmen sein.

Einen Verstoß gegen den „Satz vom hinreichenden Grund" enthält z.B. der sogenannte **Zirkelschluss** (auch **petitio principii** = „Inanspruchnahme des Beweisgrundes"). Dabei handelt es sich um einen logische Denkgesetze missachtenden Beweisfehler, bei dem die Voraussetzungen das zu Beweisende schon enthalten.

Ideale und reale Gültigkeit der Logik

B-032 - Die Gesetze der Logik sind keine Regeln, wie wir begründen „sollen", sondern ideale Gesetzmäßigkeiten des Denkens, deren Missachtung in der Sphäre des erfahrungsunabhängigen (apriorischen) Denkens eine Evidenz der Unwahrheit der entsprechenden Aussage begründet. Dass wir logisch stimmig argumentieren „sollen", ist - erst sekundär - eine aus dem menschlichen Bedürfnis nach wahrer Erkenntnis abgeleitete Forderung an menschliches Denken und menschliche Argumentation. Soweit in Aussagen sowohl auf Erfahrungswissen wie auf Denkgesetze Bezug genommen wird, berührt die Argumentation zwei fundamental unterschiedliche Bereiche: Zum einen geht es dabei um die Einordnung sinnlicher Wahrnehmungen in ein System idealer (theoretischer) Begriffe und zum anderen um die zum idealen Bereich gehörende Verknüpfung dieser idealen Begriffe, deren Stimmigkeit oder Unstimmigkeit sich unabhängig von empirischen Erfahrungen allein nach den für alle Bereiche des Denkens und der Wissenschaft geltenden theoretischen Denkgesetzen bestimmt. Während die Zuordnung sinnlicher Wahrnehmungen zu abstrakten Begriffen zum Bereich realitätsbezogener Argumentation und damit zum Bereich unserer im Denken verarbeiteten Alltagserfahrungen sowie zum Bereich der empirischen Wissenschaften gehört, liegt die Frage, ob wir die abstrakten Begriffe unter Beachtung der logischen Denkgesetze stimmig verknüpfen, allein im idealen Bereich theoretischen Denkens. Hierbei auftretende logische Unstimmigkeiten wirken allerdings auf die empirisch begründeten Elemente der Aussage zurück. Die auf idealer Ebene (etwa wegen Verstoßes gegen den Satz vom ausgeschlossenen Widerspruch) festgestellte theoretische Unwahrheit der Aussage schlägt auf die realitätsbezogenen Elemente der Aussage durch. Daraus können wir schließen, dass die das menschliche Denken a priori bestimmenden logischen Gesetzmäßigkeiten zugleich Gesetzmäßigkeiten sind, die in der vom Menschen unabhängigen Realität gelten. Die empirisch feststellbare Übereinstimmung apriorisch festliegender Gesetzmäßigkeiten mit den Naturgesetzen rechtfertigt den Schluss darauf, dass sowohl im menschlichen Geist als auch in der außermenschlichen Natur dieselben logischen Gesetze gelten. Falls hier Unstimmigkeiten zwischen empirischer und idealer Sphäre auftreten, ist dies Anlass zur Reflexion über die Stimmigkeit der im idealen Bereich angenommenen logischen Gesetzmäßigkeiten. Daraus folgt, dass nicht das menschliche Denken allein die Erkenntnis der Wirklichkeit bestimmt, sondern Aussagen über die Wirklichkeit sowohl von den als apriorisch gedachten Gesetzmäßigkeiten des Denkens als auch durch die im Verstand erfasste und bewertete sinnliche Anschauung bestimmt wird. Zwischen beiden besteht eine permanente Wechselwirkung.

Deduktion, Induktion, Analogie und Abduktion

In unserer Argumentation sind folgende Schlussformen zu unterscheiden:

B-033 - Die **Deduktion** ist der Schluss vom Allgemeinen auf das Besondere bzw. der Schluss aus einer vorausgesetzten Regel auf einen speziellen Fall.

Beispiel:
- Alle Menschen sind sterblich (Regel).
- Karl ist ein Mensch (Fall).
- Also ist Karl sterblich (Ergebnis).

Die Schlussform der Deduktion führt zu logisch zwingenden Ergebnissen, aber nicht zu Erkenntnissen, die über die bereits in den Prämissen steckenden definitorischen Zusammenhänge hinausgehen. Sie sind deshalb analytisch. Ausgehend von gegebenen Sätzen gelten deduktive Schlüsse mit Notwendigkeit.

B-034 - Die **Induktion** ist umgekehrt der Schluss von einer üblichen Regelmäßigkeit auf eine allgemeine Regel.

Beispiel:
- Karl und Eva sind Menschen.
- Karl und Eva sind sterblich.
- Also sind alle Menschen sterblich.

Induktive Schlüsse gehen von einzelnen Fällen und Resultaten aus und leiten daraus bei genügend häufigen Beobachtungen eine nicht bereits in den Prämissen enthaltene Regel ab. Induktion ist deshalb synthetisch. Der induktive Schluss ist aber logisch nicht zwingend, sofern er nicht alle denkbaren Einzelfälle berücksichtigt, was kaum je gegeben ist. Auf induktivem Wege lassen sich deshalb im Allgemeinen lediglich Anhaltspunkte für Hypothesen gewinnen. Diese sind zunächst darauf zu prüfen, ob sie überhaupt als grundsätzlich widerlegbar anzusehen sind. Anschließend sind sie auf deduktivem Wege durch empirische und logische Tests auf ihre Widerlegbarkeit (Falsifizierbarkeit) zu prüfen. Falls es nicht gelingt, sie zu widerlegen, können sie als mehr oder weniger bestätigt, nicht jedoch als „verifiziert" gelten. Ein Beweis der Wahrheit (Verifikation) wissenschaftlicher Aussagen ist prinzipiell unmöglich, da wir immer mit der Möglichkeit rechnen müssen, dass wir uns irren und unsere Hypothesen widerlegt werden können.

B-035 - Die **Analogie** schließt basierend auf Hypothesen vom Besonderen, das bekannt ist, auf ein Besonderes, das unbekannt ist, wobei auf gemeinsame Eigenschaften des einen und des anderen Bezug genommen wird.

Beispiel:
- Die Erde ist ein Planet mit Wasser und organischem Leben
- Wo es Wasser gibt, gibt es organisches Leben. (1. Hypothese)
- Der Mars ist ein Planet, auf dem es Wasser gibt.
- Also gibt es auf dem Mars organisches Leben. (2. Hypothese)

Dieses (in weiten Bereichen der Wissenschaft heimische) synthetische Schlussverfahren führt nicht zu einem zwingenden Ergebnis, ist jedoch wichtig für die Bildung neuer Hypothesen, die dann einer Falsifikationsprüfung unterzogen werden.

B-036 - Auch bei der **Abduktion** (Ch. S. Peirce) handelt es sich um ein Hypothesen erzeugendes Schlussverfahren vom Einzelnen und einer Regel auf eine Regelmäßigkeit.

Beispiel:
- Diese Bohnen sind weiß.
- Alle Bohnen aus diesem Sack sind weiß.
- Also sind diese Bohnen aus diesem Sack.

Die Abduktion ist weniger ein logisches Schlussverfahren als ein intuitives Verfahren zum Auffinden von möglichen hypothetischen Lösungen für wissenschaftliche Probleme (Schluss auf die beste Erklärung). Z.B. kann es in Systemen der Künstlichen Intelligenz dazu beitragen, sonst übersehene Lösungsmöglichkeiten aufzufinden. Auch die im Wege der Abduktion gefundenen Hypothesen müssen sich der Falsifikationsprüfung stellen.

Voraussetzungen gültiger Argumentation

B-037 - Philosophische Argumente können nur dann überzeugen, wenn sie die Bedingungen der Möglichkeit gültiger Argumentation beachten. Diese sind erstens die Fähigkeit, eine Sprache logisch, grammatisch und semantisch einwandfrei zu verwenden und zweitens die Einhaltung der Voraussetzungen einer „unbegrenzten idealen Kommunikationsgemeinschaft". Die Analyse der ersten Bedingung obliegt der Sprachwissenschaft und der Logik. Die zweite Bedingung ist das Thema der philosophischen „Transzendentalpragmatik" (K.- O. Apel; ähnlich die „Universalpragmatik" von J. Habermas), die eine Reihe von Voraussetzungen aufzeigt, die es erst ermöglichen, dass Menschen sinnvoll sprechen und sich verständigen können. Jeder sinnvollen Argumentation liegen bestimmte ethische Selbstverständlichkeiten zugrunde, die die Teilnehmer verstanden und akzeptiert haben müssen.

Sinnvoll Argumentierende setzen danach u.a. voraus,
- dass sie sich dem Diskurs öffnen, d.h. den anderen anhören und ihm antworten wollen;
- dass sie weder sich noch andere belügen;
- dass sie begründete Argumente nicht ablehnen;
- dass sie die Diskurspartner als Personen, d.h. als zurechnungsfähige, gleichberechtigte, aufrichtige und wahrheitsfähige Subjekte anerkennen;
- dass keinerlei Einschränkungen hinsichtlich der behandelten Themen angenommen werden;
- dass kein mündiger Mensch aufgrund bestimmter Eigenheiten (Rasse, Klasse usw.) vom Diskurs ausgeschlossen werden darf. (Zusammenfassung von K. Wuchterl)

Sinn und Bedeutung sind immer kontextabhängig

B-038 - Aussagen und Urteile können nicht ohne gleichzeitige Berücksichtigung des Zusammenhanges, in den sie gehören, auf ihre Wahrheitsfähigkeit und ihren Wahrheitsgehalt beurteilt werden. Ihr Sinn bzw. ihre Bedeutung sind vom Kontext abhängig, wozu auch der Sinn bzw. die Bedeutung der dabei verwendeten sprachlichen Ausdrücke gehört.

„Sprachspiel" und Empirie regeln Sinn und Bedeutung

B-039 - Wie wir etwas begrifflich erfassen und anderen verständlich machen, ist von syntaktischen (grammatischen) und semantischen (Bedeutung vermittelnden) Regeln abhängig, die wir bei unserem

Spracherwerb verinnerlichen. Dies sind die Regeln eines „Sprachspiels" (L. Wittgenstein), die unsere Kommunikation zumeist unbewusst bestimmen und deren wir uns bewusst sein müssen, wenn wir Irrtümer, Missverständnisse und Fehlschlüsse vermeiden wollen. Mit Wittgenstein ist davon auszugehen, dass der Gebrauch von Sätzen durch ihre Zusammenhänge mit anderen bestimmt wird, die sich nicht in rein logischen oder analytischen Folgerungsbeziehungen erschöpfen. Sinn und Bedeutung der unsere Kommunikation bestimmenden sprachlichen Zeichen und Aussagen basieren dabei außerdem auch auf unseren sinnlichen Wahrnehmungen (B. Russell), wobei diese nur in einem Gesamtzusammenhang sowie den aus Denkgesetzen abgeleiteten (sog. inferentiellen) Erkenntnissen erfasst werden können (Holismus, W.v.O. Quine).

Wahrheit und Fürwahrhalten

B-040 - Die Wahrheit oder Falschheit einer ohne Bezug auf die sinnliche Erfahrung getroffenen (daher: apriorischen) Aussage (der „reinen" Vernunft im Sinne Kants) hängt allein davon ab, ob sie mit den allgemeinen Denkgesetzen vereinbar ist oder nicht. Wahrheit besagt in diesem Sinnzusammenhang nur, dass keine inneren formalen Widersprüche oder sonstige Verstöße gegen Denkgesetze vorliegen. Darüber hinausreichende inhaltliche Bedeutung kann rein apriorischen Aussagen nur insoweit zukommen als sich ihre Richtigkeit empirisch belegen lässt.

B-041 - Bei einem empirisch fundierten Satz, der unter Bezugnahme auf unsere sinnliche Erfahrung (d.h. a posteriori) etwas über die von uns unabhängige Wirklichkeit aussagt, bedeutet Wahrheit, dass der Inhalt der Aussage mit der Realität korrespondiert, d.h. dass die Dinge und Tatsachen so sind, wie es der Satz besagt, anderenfalls ist er falsch (Korrespondenztheorie). Der Satz „Die Katze liegt auf der Matratze" ist also wahr, wenn die Katze auf der Matratze liegt und unwahr, wenn sie dort nicht liegt. Auch die auf sinnliche Erfahrung gestützten Aussagen können nur dann wahr sein, wenn sie nicht gegen Denkgesetze verstoßen. Deshalb reicht der Nachweis eines in einer Aussage liegenden Verstoßes gegen die Logik bzw. der Inkonsistenz oder Inkohärenz mehrerer Elemente einer Theorie, um sie als unwahr zu erkennen. - Der Einwand gegen die Korrespondenztheorie, dass sie bei Sätzen wie „Ich sage nie die Wahrheit" zu Paradoxien führe, wird durch den Hinweis des Logikers A. Tarski auf die in solchen Aussagen vorliegende Vermischung verschiedener Sprachebenen (Objektsprache und Metasprache) ausgeräumt. Im erwähnten Beispielssatz gehört die mit Wahrheitsanspruch auftretende „Aussage über die permanente Unwahrhaftigkeit des Sprechenden" zur Ebene der Metasprache, während die „Aussage, dass die Aussagen des Sprechenden zu allen anderen Themen falsch sind" zur Ebene der Objektsprache. Dadurch löst sich die scheinbare Paradoxie auf.

B-042 - Die objektive (d.h. unabhängig vom Denken einzelner Individuen gegebene) Wahrheit oder Falschheit einer Aussage oder Theorie darf nicht verwechselt werden mit den Voraussetzungen *berechtigten Fürwahrhaltens* dieser Aussagen oder Theorien. Wesentliche Bedingung berechtigten Fürwahrhaltens ist *die intersubjektive Überprüfbarkeit* von Aussagen, die auf dem Gedanken einer unvoreingenommenen Prüfung anhand der Denkgesetze und der Erfahrung mehrerer voneinander unabhängiger Einzelsubjekte basiert. Die Diskurs- oder Konsenstheorie (Ch. S. Peirce, J. Habermas) enthält hierfür wichtige Gesichtspunkte. Als Erklärung für berechtigtes Fürwahrhalten von Aussagen oder Theorien ist allerdings der Gedanke einer (zumeist fiktiven) Einhaltung der Bedingungen einer „idealen Sprechsituation" (Chancengleichheit, keine Privilegierungen, Wahrhaftigkeit, Freiheit von Zwang) allein nicht ausreichend, weil die Einhaltung ethisch berechtigter Diskursregeln die inhaltliche Richtigkeit von Aussagen nicht zu begründen vermag. Es muss immer etwas hinzukommen, „das entweder, wie die logische Konsistenz von Sätzen, dem Argumentationszusammenhang zugrunde liegt, oder, wie die Evidenz von Erfahrungen, von außen gleichsam in die Argumentation eindringt" (A. Kaufmann). Nicht das Vorliegen eines Konsenses ist die Erklärung für berechtigtes Fürwahrhalten einer Aussage oder Theorie, sondern der Umstand, dass mehrere voneinander unabhängige Subjekte hinsichtlich desselben Gegenstandes zu *sachlich konvergierenden* Erkenntnissen gelangen. Die Berechtigung des Fürwahrhaltens eines unter Einhaltung idealer Diskursbedingungen erzielten objektiven Ergebnisses liegt in der „Überlegung, dass das subjektive Moment in jeder Erkenntnis aus einer anderen Quelle herrührt, das objektive Moment dagegen jeweils aus demselben Seienden. Die subjektiven Momente, gegeneinander gehalten, schwächen sich daher gegenseitig ab oder heben sich gar auf; die objektiven Momente hingegen weisen alle auf den Einheitspunkt des Seienden hin und bewähren sich so als begründet." (A. Kaufmann)

Phänomenologie als sinnvoller Weg zur Erkenntnis

B-043 - Haltung und Stil eines Forschens, das in möglichst unvoreingenommener Hingabe an die wahrgenommenen Phänomene das Wesens dieser Phänomene erfassen will (Phänomenologie, E. Husserl, M. Heidegger u.a.), ist eine grundsätzlich sinnvolle Methode zur Ermittlung von Eigenschaften und Strukturen der Wirklichkeit. Soweit unter „Phänomen" das verstanden wird, was in der sinnlichen Erfahrung unabhängig von jeglicher theoretischen Konstruktion gegeben ist, bemüht sich dieser methodische Ansatz um eine von unbewussten Voreinstellungen möglichst freie geistige Betrachtung der Wirklichkeit. Diese besteht nicht nur aus klar abgrenzbaren Dingen und Tatsachen, sondern zumeist auch aus fließenden Übergängen. Je nachdem, aus welcher Perspektive man einen Teilbereich der Wirklichkeit betrachtet, erkennt man unterschiedliche Sinnzusammenhänge und Strukturen. In einem Denkvorgang, der in diesem Sinnzusammenhang Wesentliches von Unwesentlichem abgrenzt (sog. **eidetische**, d.h. auf eine Wesensschau ausgerichtete, **Reduktion**), lässt sich der das betreffende Phänomen kennzeichnende Sinn (der Wesenskern des Phänomens) näher bestimmen. Dabei wird in der sog. **Epoché** (von griechisch: „Enthaltung, Innehalten) eine dreifache Enthaltsamkeit gegenüber *subjektiven Einstellungen* (emotionalen Vormeinungen, Wortschatz und anderen „Selbstverständlichkeiten"), *theoretischen Vorannahmen* (formalen Logiken, Hypothesen) und *Traditionswissen* (Intersubjektivität, Konvention, Dogmen) gefordert. Freilich ist zu berücksichtigen, dass jegliches Nachdenken über sinnlich wahrnehmbare Phänomene sich im Bereich kontingenter (d.h. stets veränderbarer) Erfahrungen der Wirklichkeit bewegt. Alle Feststellungen des „Wesens" von „etwas" sind deshalb in mehrfacher Hinsicht wandelbar: Zum einen kann sich der sinnstiftende gedankliche Ansatz (das erkenntnisleitende Interesse), mit dem die Wirklichkeit betrachtet wird, ändern, zum anderen unterliegt der betrachtete Ausschnitt der Wirklichkeit für sich genommen laufend Änderungen. Deshalb erscheint es fraglich, ob eine über die sog. Eidetische Reduktion hinausgehende sog. Transzendentale eidetische Reduktion sinnvoll sein kann, in der die Existenz des Phänomens außeracht gelassen wird und eine rein abstrakte „Washeit" des Phänomens herausgearbeitet werden soll. Da in diesem Bereich der näheren Bestimmung empirisch fassbarer Phänomene das aposteriorische Denken nicht zum apriorischen Denken hin überschritten werden kann, erscheint bereits die Verwendung des Begriffs „transzendental" in diesem Zusammenhang fragwürdig.

„Erklären" und „Verstehen" als wissenschaftliche Methode

B-044 - Der Unterschied von „Erklären" und „Verstehen" in der Wissenschaftstheorie erklärt sich aus der Verschiedenheit der wissenschaftlichen Forschungsbereiche. Während es in den Naturwissenschaften vorrangig darum geht, einen Vorgang über empirische Experimente durch logische Ableitung aus allgemeinen Naturgesetzen und bestimmten Randbedingungen zu „erklären", geht es beim „Verstehen" (der sog. Hermeneutik) weniger um allgemeine Gesetzesaussagen, sondern darum, individuelle Manifestationen des menschlichen Geistes zu verstehen. Hierbei handelt es sich insofern um einen Vorgang mit zirkulärem Charakter (sog. hermeneutischer Zirkel), als jedes Verstehen ein bestimmtes Vorverständnis des Interpreten voraussetzt. Der Interpret muss z.B. bei historischen Analysen schon Gewichtiges über die Zusammenhänge wissen, um sowohl die beteiligten historischen Subjekte einordnen, als auch den Sinn der Ereignisse abschätzen zu können. Ziel ist dabei die „Verschmelzung" der Horizonte des auslegenden und des fremden Subjekts („Horizontverschmelzung", H-G. Gadamer). Die Unterschiede zwischen „Erklären" und „Verstehen" sind aber geringer, als häufig angenommen wird, weil auch beim Verstehensvorgang (etwa bei einer historischen Analyse) letztlich nach einer „Regel" gesucht wird, die das Handeln der historischen Persönlichkeiten „erklärt". Bei dieser „Regel" handelt es sich eben nur nicht um ein allgemeingültiges Naturgesetz, weil menschliches Handeln Untersuchungsgegenstand ist.

Empirisches Wissen nicht einfach aus Tatsachen

B-045 - Empirische Wissenschaft sucht in der mit unseren Sinnen wahrnehmbaren Wirklichkeit Strukturen zu erkennen, die uns Sinnzusammenhänge erklärbar und verständlich machen. Dabei ist allerdings die Annahme, dass sich empirische Wissenschaft schlicht „aus

Tatsachen ableitet", nicht ganz zutreffend, denn was und wie wir etwas wahrnehmen und untersuchen, ist stets von unseren Denkstrukturen, unseren Erkenntnisinteressen und von unserer Irrtumsanfälligkeit mitbestimmt. Beobachtungsaussagen sind deshalb einerseits fehlbar. Andererseits sind sie jedoch objektiv und auf Tatsachen gegründet in dem Sinne, dass sie mittels nachvollziehbarer Prozeduren öffentlich überprüft werden können. Dass empirische Wissenschaft nicht einfach aus den Tatsachen ableitbar ist, ergibt sich aus der Theorieabhängigkeit aller Experimente. Nicht die Tatsachen, sondern unser Denken entscheidet darüber, welche Tatsachen für die empirische Untersuchung theoretisch *relevant* sein können. Dabei hängt die Entscheidung darüber, welche Tatsachen innerhalb einer Wissenschaftsdisziplin zu einem bestimmten Zeitpunkt relevant sind und welche nicht, vom jeweiligen Entwicklungsstand dieser Wissenschaft ab. Wenn ich z.B. bereits mehrfach experimentell gezeigt habe, dass zum Glühen gebrachtes Glas Elektrizität leitet, sinkt die Relevanz weiterer Untersuchungen hierzu. – Ein weiteres Problem empirischer Wissenschaft kann sich ergeben, wenn Theorien zur Beurteilung der Angemessenheit von experimentellen Ergebnissen herangezogen werden, diese experimentellen Ergebnisse jedoch gleichzeitig zum Beleg dieser Theorien dienen sollen. Hier kann eine Zirkularität den Erkenntnisgewinn des Experiments in Frage stellen.

Wissenschaftlicher Realismus

B-046 - Wissenschaft ist in dem Sinne „realistisch, als sie versucht, die Struktur der Realität zu charakterisieren und dabei insofern beständig Fortschritte macht, als ihr das in zunehmend akkuraterer Weise gelingt. Frühere wissenschaftliche Theorien waren in dem Maße erfolgreich in der Vorhersage, in dem sie zumindest annähernd die Struktur der Realität erfassten (ihre Vorhersageerfolge sind daher kein unerklärliches Wunder)." (A.F.Chalmers) Bei der ständigen Verfeinerung der in der Realität festgestellten Strukturen werden die diese Strukturen begleitenden Repräsentationen oft durch andere ersetzt (z.B. die Vorstellung von einem angeblichen „elastischen Äther, oder von einem bei der Verbrennung angeblich entstehenden „Phlogiston", oder von einem Raum, der unabhängig von den in ihm enthaltenen Objekten sein soll).

Der Induktivismus führt nicht zu überzeugenden Erkenntnissen

B-047 - Die Vorstellung, zwingende wissenschaftliche Erkenntnisse könnten im Wege der Induktion aus Tatsachen abgeleitet werden, ist unrichtig. Zwar können auf der Grundlage einer großen Zahl von Beobachtungen, die unter einer großen Vielfalt von Bedingungen wiederholt worden sind, verallgemeinernde Hypothesen formuliert werden. Diese sind jedoch niemals logisch zwingend aus den Beobachtungen ableitbar, weil die Möglichkeit nicht auszuschließen ist, dass von der hypothetischen Regel abweichende neue Beobachtungen gemacht werden. Außerdem muss bei der Auswahl dessen, was beim induktiven Schluss auf eine allgemeine Regel als relevante Beobachtung erachtet wird, immer schon auf ein vorhergehendes Wissen Bezug genommen werden. - Mit der Anzahl gleichartiger Beobachtungen steigt auch nicht die mathematische Wahrscheinlichkeit der Richtigkeit eines induktiv abgeleiteten Gesetzes, denn allgemeine Gesetze enthalten Aussagen über eine unbegrenzte Anzahl möglicher Fälle und nach der Wahrscheinlichkeitstheorie ergibt sich bei Teilung der *endlichen* Anzahl von experimentell beobachteten Fällen durch die in der allgemeinen Regel angenommene *unendliche* Anzahl möglicher Fälle für die Annahme der Richtigkeit der allgemeinen Regel stets der Wert Null. An diesem Ergebnis ändert sich auch nichts, wenn man nach dem sog. bayesschen Theorem auf bedingte Wahrscheinlichkeiten abstellt und dabei die subjektiven Überzeugungsgrade der beteiligten Wissenschaftler als wichtige Bedingungen in die Wahrscheinlichkeitsrechnung einbezieht. Denn derartige Wahrscheinlichkeitsberechnungen können lediglich das widerspiegeln, was in sie hineingelegt wurde, und die subjektiven Überzeugungsgrade einzelner Wissenschaftler sagen über den objektiven Wahrheitsgehalt einer Theorie nichts aus.

Grundsatzproblem des Falsifikationismus

B-048 - Der von Karl Popper begründete Falsifikationismus in der Wissenschaftstheorie geht zutreffend davon aus, dass im Weg der Induktion, der Analogie, der Abduktion oder schlicht der Intuition aus Beobachtungen stets nur Hypothesen zur regelmäßigen Beschaffenheit der Realität gefunden werden können und dass sich wissenschaftlicher Fortschritt dadurch vollzieht, dass diese hypothetischen Regeln bzw. Theorien immer wieder erneut einer deduktiv vorgehenden Prüfung zu unterziehen sind, wobei die sich als falsch erweisenden Theorien abgelehnt und ausgeschieden werden. Wissenschaftliche Erkenntnis kann danach nur aus mehr oder weniger bestätigten Theorien bestehen. Eine nicht falsifizierte Theorie ist einer falsifizierten grundsätzlich vorzuziehen. Dieser wissenschaftstheoretische Ansatz bleibt als Maxime wissenschaftlichen Vorgehens richtig, auch wenn man berücksichtigt, dass die (scheinbare) Falsifikation einer Theorie selbst auf einem Fehlschluss beruhen kann. „Wenn Beobachtungen und Experimente Belege erbringen, die im Widerspruch zu Gesetzen oder Theorien stehen, können die Belege ebenso falsch sein, wie das Gesetz oder die Theorie. Nichts an der Logik der Situation verlangt danach, dass immer das Gesetz oder die Theorie zurückgewiesen werden muss, wenn ein Widerspruch zu Beobachtungen oder Experimenten besteht." (A.F. Chalmers) Die mögliche Fehlerhaftigkeit eines Falsifikationsschlusses legt es deshalb nahe, den Falsifikationsschluss selbst als eine fallible Aussage zu betrachten und Hypothesen nicht vorschnell von der weiteren wissenschaftlichen Untersuchung auszuschließen.

Dynamisches Verständnis des Falsifikationismus

B-049 - Ziel empirischer Forschung ist die Weiterentwicklung der Wissenschaft. Eine neue Hypothese sollte also inhaltlich umfassender sein als eine ältere Hypothese, an deren Stelle sie treten soll. Je „kühner" und damit leichter zu falsifizieren eine Hypothese ist, desto mehr an neuer wissenschaftlicher Erkenntnis ist von ihr zu erwarten. Deshalb geht es nicht allein darum zu fragen „Ist diese Theorie falsifizierbar?", „Wie falsifizierbar ist diese Theorie? und „Ist diese Theorie falsifiziert worden?", sondern man wird fragen „Ist diese neu vorgeschlagene Theorie ein tragfähiger Ersatz für die Theorie, mit der sie konkurriert?". „Im Allgemeinen wird man darin übereinstimmen, dass auf den Vorschlag einer neuen Theorie erst dann eingegangen werden sollte, wenn sie ein neues Phänomen vorhersagt, das von der konkurrierenden Theorie nicht berührt wurde." (A.F. Chalmers)

Falsifikation oder Bewährung von Hypothesen

B-050 - Je nachdem, als wie leicht oder schwer falsifizierbar eine Theorie erscheint, haben ihre Falsifizierbarkeit oder ihre Bewährung unterschiedliche Bedeutung für den wissenschaftlichen Fortschritt. „Bedeutsame Fortschritte werden durch die Bewährung von kühnen Vermutungen oder durch die Falsifikation von behutsamen Vermutungen gekennzeichnet." (A.F. Chalmers) Kühne Vermutung sind hypothetische Aussagen über etwas, von dem man zuvor nichts wusste oder das man für unwahrscheinlich hielt. Sind diese Aussagen nicht widerlegbar, stellen sie einen wissenschaftlichen Fortschritt dar. Wird andererseits eine bislang als unwiderlegbar angesehene Theorie falsifiziert, ergibt sich der wissenschaftliche Fortschritt aus dem Beweis, dass das, was unproblematisch als Wahrheit betrachtet wurde, in Wirklichkeit falsch ist. – Ob die Bewährung einer Theorie als bedeutsam anzusehen ist, hängt von dem allgemein akzeptierten Hintergrundwissen der jeweiligen Zeit ab. So würde es z.b. heute kaum mehr jemand als wissenschaftlich bedeutsam betrachten, zur Bewährung von Newtons Theorie der Gravitation Experimente mit fallenden Gegenständen durchzuführen.

Falsifikationismus durch Historie nicht widerlegt

B-051 - Aufgrund der wissenschaftshistorischen Untersuchungen von Thomas Kuhn und Imre Lakatos ist davon auszugehen, dass sich der Ablauf der wissenschaftlichen Forschung und der Wissenschaftsfortschritt aus dem Falsifikationismus allein nicht erklären lassen. Aus der wissenschaftshistorischen Analyse sind jedoch bislang keine grundsätzlich besseren Methoden für die wissenschaftliche Forschung entwickelt worden. Die Darlegung der dem Falsifikationismus scheinbar zuwiderlaufenden tatsächlichen Abläufe in der Entwicklung wissenschaftlicher Erkenntnisse macht allenfalls die Nachteile vorschneller Verwerfung von (scheinbar) falsifizierten Hypothesen bewusst. In den jeweiligen Wissenschaftszweigen bleibt es die je spezifische Aufgabe der Wissenschaftler, die bei der Falsifikation auftretende Frage zu klären, ob der Fehler in der Theorie oder im Experiment liegt. Hieran ändert die These von Kuhn nichts, wonach wissenschaftliche Forschung über längere Perioden als Normalwissenschaft auf der Basis gewisser Grundannahmen (Paradigmen) abläuft, bis nach Art einer wissenschaftlichen Revolution die bisherigen Paradigmen abgelöst werden und eine neue Phase der Normalwissenschaft beginnt. Auch Lakatos' Vorstellung vom Ablauf wissenschaftlichen Fortschritts spricht nicht gegen die grundsätzliche Orientierung am Gedanken der Falsifikation. Sein Konzept von Forschungsprogrammen, bei denen ein harter theoretischer Kern von einem von Zusatzhypothesen gebildeten Schutzgürtel umgeben ist, wobei kohärente *progressive* Forschungsprogramme zu wichtigen neuartigen Vorhersagen führen, während *degenerierte* Forschungsprogramme ihre Kohärenz verlieren und irgendwann eingestellt werden, räumt das Grundsatzproblem der Bestätigung oder Falsifikation von Hypothesen nicht aus. - Der historische Nachweis, dass sich der wissenschaftliche Fortschritt nicht ausschließlich oder primär aus dem Gedanken des Falsifikationismus erklären lasse, spricht also nicht gegen seine grundsätzliche Richtigkeit als Maxime wissenschaftlichen Forschens. Zwar lässt sich zeigen, dass sich z.B. bei der allmählichen Wandlung der kosmischen Vorstellungen von dem erdzentrierten aristotelischen Weltbild über die kopernikanische Wende im 16. Jh. sowie über Galilei und Kepler bis zu unserem heutigen Wissen über Sonnensysteme, Galaxien etc. Theorien durchgesetzt haben, die nach den wissenschaftlichen Anschauungen der jeweiligen Zeit als falsifiziert gelten konnten (A.F. Chalmers). Doch dies belegt nur, wie wichtig es ist, selbst die im Einzelfall festgestellte Falsifikation als eine kritisch zu prüfende Hypothese zu betrachten.

Was sollen wir tun?
Ethik und Moral

Funktion von Ethik und Moral

B-052 - Funktion der Ethik ist nicht die Aufstellung von Regeln, wie ein Mensch in einer bestimmten Situation handeln soll, sondern die Erforschung allgemeiner Prinzipien, die eine Orientierungshilfe für die Bestimmung solcher Regeln geben. Die Begriffe „Ethik" und „Moral" werden zumeist (so auch hier) als im Wesentlichen synonym verstanden, wobei „Ethik" mehr auf grundlegende Prinzipien und „Moral" mehr auf konkretere Verhaltensnormen bezogen wird. Nicht die Ethik macht die Menschen moralisch. „Ein Mensch wird ausschließlich aus sich selbst und durch sich selbst – durch seine Willensbestimmung – zu einem guten oder bösen Menschen... Die Ethik ist keine Supermoral. Sie stellt keinen Normenkatalog auf, der für die gesamte Menschheit verbindliche Handlungsregeln beinhaltet. Moralische Normen sind praktische Regeln der Selbstbeschränkung von Freiheit um der Freiheit aller willen; sie gehen aus wechselseitigen Anerkennungsprozessen in einem Lebenskontext hervor. Daher wäre es ein grundlegendes Missverständnis von Freiheit, wollte man der Ethik die Aufgabe zuweisen, ein für allemal und endgültig materialiter festzulegen, wie die Menschen handeln sollen, was einer autoritativen Übermächtigung der Handelnden gleichkäme. Auf diese Weise würden moralische Normen zu Dogmen und Ideologien verfestigt, die die Freiheit der Selbstbestimmung letztlich aufheben würden... Die Ethik ist keine Kasuistik .... sie fungiert auch nicht als höchste moralische Instanz, die im Hinblick auf vorgegebene moralische Normen entscheidet, was in einem bestimmten Einzelfall zu tun ist. Die Ethik kann und soll sich somit nicht stellvertretend für handelnde Subjekte moralische Kompetenz anmaßen, sondern den Handelnden dazu

anleiten, selber moralische Kompetenz zu erwerben und auszuüben."
(A. Pieper)

Anspruch ethischer Prinzipien, „Wissen" zu sein

B-053 - Soweit ethische Prinzipien sich mit intersubjektiv überprüfbaren überzeugenden Argumenten rechtfertigen lassen, sind sie keine
bloßen Meinungen oder Glaubensüberzeugungen, sondern Wissen
über normative Aspekte der Wirklichkeit. Ethisches Wissen darüber
„was sein soll" unterscheidet sich grundlegend vom deskriptiven Wissen darüber „was ist" und bedarf einer anderen, spezifisch ethischen
Rechtfertigung. Die deskriptive Beschreibung der in bestimmten Gesellschaften in bestimmten Zeitepochen als gültig angesehenen Verhaltensnormen gehört zu dem Wissen darüber, „was ist" und kann nur
sehr begrenzt als prima-facie Rechtfertigung für die Gültigkeit ethischer Prinzipien wirken.

Warum sollen Menschen moralisch handeln?

B-054 - Moralisch handeln bedeutet die Beachtung von Verhaltensnormen, die grundsätzlich oder für bestimmte Lebenssituationen eine
Zurückstellung egoistischer Eigeninteressen zugunsten altruistischen
Verhaltens fordern. Solche Verhaltensnormen sind für das Zusammenleben der Menschen zwingend erforderlich und seit jeher in allen
menschlichen Gesellschaften empirisch feststellbar. Ethische Normen
sind für das Zusammenleben der Menschen unverzichtbar, weil sonst
Konflikte allein durch die jeweiligen Machtverhältnisse entschieden
würden und eine bloße Herrschaft des jeweils Stärkeren einträte, die
zu Unfrieden und Ungerechtigkeit führt. - Moralisch handeln bedeutet
darüber hinaus aber auch die Formung der eigenen Persönlichkeit mit
dem Ziel, eine dauerhafte Orientierung des eigenen Verhaltens an ethischen Werten zu erreichen. Ziel der Ethik ist die Erarbeitung bzw.

Begründung von solchen allgemeingültigen Werten und den ihnen entsprechenden Normen.

Beschränkung der Ethik auf Menschen

B-055 - Ethische Normen gelten nur für Menschen und nicht für Tiere. Nur menschliche Wesen besitzen unsere grundlegenden ethischen Begriffe und Konzepte (wie „gerecht" und „ungerecht", „edel" und „gemein", „gut" und „schlecht"). Tiere sind unfähig, ethische Konzepte zu entwickeln, obwohl sie Bewusstsein, Intelligenz und Gefühle haben. Was ihnen im Unterschied zum Menschen fehlt, ist das Selbstbewusstsein und die Vernunft, d.h. die Fähigkeit zu bewertender Reflexion über das eigene Denken und Handeln. Welche ethischen Prinzipien unser Verhalten gegenüber Tieren bestimmen sollten, ist Gegenstand des Spezialgebiets der Tierethik, auf das ich hier zunächst nicht eingehe.

Praxisbezug der Ethik

B-056 - Ethische Prinzipien und Normen haben die Funktion, praktische Orientierung für menschliches Handeln zu geben. Ein wesentlicher Leitgedanke bei der Prüfung ethischer Theorien ist deshalb der Gedanke ihrer praktischen Verwendbarkeit als ethische Orientierung.

Anforderungen an ethische Normen

B-057 - Ethische Normen geben Orientierungen, wie Menschen unabhängig von ihren jeweiligen persönlichen Zielen in bestimmten Situationen handeln sollten. Diese Normen setzen meist auch die faktische Geltung anderer Normen voraus, so dass sie in einem zusammenhängenden Normenkomplex stehen (Interdependenz von Normen). Ethische Normen müssen allgemein und dauerhaft konsensfähig sein, d.h.

alle beliebigen Individuen sollen die Normen für vernünftig halten können und ihnen unter idealen Bedingungen zustimmen können, weil sie ihren Interessen entsprechen, ohne dass dabei stets ein faktischer Konsens erforderlich wäre. Damit läuft die Begründung ethischer Normen auf die Fragen hinaus: „Welche Verhaltensnorm entspricht den Interessen aller gemeinsam am besten?" oder „Welche Norm können wir gemeinsam am ehesten wollen?" Begründungsargumente für eine ethische Norm müssen von anderen nachvollzogen werden können, sonst können sie nicht zu einem argumentativen Konsens führen. Jede in die Argumentation eingeführte Norm muss kritisierbar sein und allgemein nachvollziehbar begründet werden. Akzeptabel für alle Individuen sind nur solche Normen, bei denen verschiedene Individuen unter faktisch gleichen Bedingungen gleich behandelt werden (Grundsatz der Personenunabhängigkeit). Inakzeptabel und nicht konsensfähig sind parteiische Normen, bei denen bestimmte Individuen gegenüber anderen bevorzugt oder benachteiligt werden, ohne dass dies durch Unterschiede in der Sache begründet ist.

Unterschied ethischer und rechtlicher Normen

B-058 - Rechtliche Verhaltensnormen sind Teil einer bestimmten, faktisch geltenden positiv gesetzten Rechtsordnung, die nach den rechtswissenschaftlichen Auslegungsregeln auf den Einzelfall konkretisiert werden. Ethische und rechtliche Verhaltensnormen können verschiedene Inhalte haben, auch wenn man grundsätzlich annehmen kann, dass rechtliche Normen (etwa im Strafrecht) an den in der Gesellschaft anerkannten ethischen Normen orientiert sind und diesen praktische Geltungskraft verschaffen sollen. Den Grundrechtskatalogen demokratischer Verfassungen liegen zumeist ethische Prinzipien für das Zusammenleben in der staatlichen Gemeinschaft zugrunde, die auf das höchste ethische Prinzip ausgerichtet sind. Auf die philosophischen Grundlagen des Rechts gehe ich hier zunächst nicht ein. Sie bedürfen eingehender Betrachtung im Rahmen des Spezialgebiets der Rechtsphilosophie.

Ethik und gesellschaftliche Konvention

B-059 - Ethische Normen unterscheiden sich hinsichtlich der Intensität ihres moralischen Bindungsanspruchs und der bei einer Regelverletzung zu erwartenden Sanktionen. Im Übergangsbereich zwischen ethischen Normen und bloßen Anstandsregeln bzw. gesellschaftlichen Konventionen ist eine Grenzziehung zwischen ethischen und außerethischen Verhaltensregeln nur im Einzelfall unter Abwägung aller Gesichtspunkte möglich.

Außerethische Handlungsorientierung

B-060 - Die Frage, ob eine Handlung gut oder schlecht, richtig oder falsch ist, kann man sowohl im Hinblick auf das moralisch Gute als auch im Hinblick darauf stellen, ob eine Handlung zur Erreichung eines beliebigen praktischen Zwecks geeignet oder förderlich ist. Auf diesen außerethischen Aspekt einer Handlungstheorie gehe ich im Folgenden nicht ein.

Menschliche Willensfreiheit als Bedingung der Ethik

B-061 - Die Erkenntnis, dass Naturgesetze sowie religiöse oder gesellschaftliche Einflüsse auf menschliches Verhalten einwirken und es bestimmen können, schließt die Annahme grundsätzlicher menschlicher Handlungs- und Willensfreiheit für den Bereich der Ethik nicht aus. Ich gehe also von einer Kompatibilität von Indeterminismus und Determinismus aus. Die praktische Vernunft beantwortet die Frage, ob ein Individuum Handlungs- und Willensfreiheit hat, primär aus dem Blickwinkel der ethischen Verantwortung. Unter Verantwortung verstehen wir die Fähigkeit, menschliches Verhalten nach rationalen und ethischen Gesichtspunkten auszurichten. Verantwortung für sein Handeln trägt jeder Mensch danach, soweit er nicht unter Zwang steht und er die körperliche und geistige Kompetenz zu verantwortlichem Handeln besitzt. Ob und inwieweit darüber hinaus determinierende Kräfte auf ihn einwirken, ist für die ethische Bewertung nur insoweit von Bedeutung, als sie den Grad der Schuldhaftigkeit einer Verletzung ethischer Normen beeinflussen kann. Nirgendwo auf der Erde würde ein Gericht einen geistig gesunden überführten Straftäter freisprechen, der sich ausschließlich mit dem Argument verteidigt, er habe grundsätzlich keinen freien Willen.

Intersubjektive Begründbarkeit ethischer Normen

B-062 - Ethische Normen sind intersubjektiv (d.h. rational) begründbar. Dabei können wir uns nur auf die Vernunft und die Erfahrung stützen, d.h. ethische Normen müssen durch intersubjektiv nachvollziehbare und von anderen übernehmbare einsichtige Argumente begründet werden. Wer ohne eine in diesem Sinne vernünftige Begründung bestimmte Verhaltensnormen fordert und ggf. auch erzwingt, kann nicht für sich einen Anspruch auf Recht, Richtigkeit, Wahrheit oder Allgemeingültigkeit erheben. Eine religiöse Begründung ethischer Normen kann aus philosophischer Sicht nicht überzeugen, da religiöse Ge- oder Verbote persönliche Glaubensüberzeugungen sind, die sich zwischen einzelnen Personen und Kulturkreisen häufig stark unterscheiden und deshalb keine Chance auf intersubjektive Verständigung bieten.

Begründungsstrategie des „default-and-challenge"

B-063 - Die Skepsis gegenüber der Möglichkeit, ethische Forderungen rational zu begründen, verkennt, dass gute Begründetheit nicht unwiderlegbare „Letztbegründungen" voraussetzt. Wir können an ethischen Prinzipien und Wertvorstellungen, die sich in unserer Praxis bewährt haben, ohne explizite Begründung festhalten, bis gute Gründe gegen die Angemessenheit dieser Prinzipien vorgebracht werden (Begründungsstrategie des „default-and-challenge", M. Quante). Dabei gilt in der Ethik wie in der sonstigen Philosophie, dass unsere Wissensansprüche nicht bereits deshalb als unbegründet betrachtet werden können, weil sie sich ggf. auch als falsch erweisen könnten (Fallibilismus). Metaethische Betrachtungen können dazu beitragen, Missverständnisse über die Bedeutung ethischer Aussagen durch sprachanalytische und logische Untersuchungen (deontische Logik) auszuräumen.

Ablehnung des radikalen ethischen Relativismus

B-064 - Die These, wonach die Frage, ob etwas ethisch gut bzw. richtig sei, nur jeweils im Hinblick auf einzelne Individuen, soziale Gruppen, Gesellschaften oder kulturelle Epochen beantwortet werden könne (radikaler ethischer Relativismus), ist nicht überzeugend. Wer behauptet, alles sei relativ, läuft in einen Selbstwiderspruch hinein, weil er dann für seine These selbst auch keine universelle Gültigkeit in Anspruch nehmen kann. Soweit der ethische Relativist sich auf ein Gebot zur Nichteinmischung und Toleranz gegenüber Andersdenkenden beruft, vermag er nicht zu begründen, warum es unmoralisch sein soll, diese von ihm geforderten ethischen Forderungen ihm selbst gegenüber zu missachten. Auch der Hinweis auf die empirisch beobachtbare Heterogenität faktisch existierender ethischer Praktiken und Überzeugungen trägt die Schlussfolgerungen des ethischen Relativismus nicht, weil unterschiedliche ethische Praktiken häufig weniger auf unterschiedlichen Prinzipien beruhen als darauf, dass unterschiedliche natürliche oder kulturelle Gegebenheiten zu verschiedenen konkreten Ausprägungen gleicher Grundprinzipien (z.B. Elternliebe) führen. Ethische Prinzipien greifen außerdem zumeist auf Erfahrungsbereiche zurück, die mehr oder weniger zu jedem menschlichen Leben gehören und in dem jeder Mensch mehr oder weniger irgendwelche Entscheidungen treffen und sich in irgendeiner Weise verhalten muss. (M. Nussbaum) Ein vorliegender Dissens über das ethisch Gute und Richtige muss im Übrigen nicht als Beleg für den Relativismus gewertet werden, denn es kann in solchen Fällen auch darauf geschlossen werden, dass nicht beide Standpunkte richtig sein können, wobei es dann offen bleibt, ob der unterstellte ethische Irrtum des jeweils Anderen toleriert wird oder nicht.

Unterschied von Ethik und Naturwissenschaft

B-065 - Ethische Normen lassen sich nicht als naturwissenschaftliche Aussagen formulieren. „Sollen" im ethischen Sinne bedarf einer anderen Begründung als die Beschreibung eines Ist-Zustandes. Aus beschreibenden Prämissen allein kann keine wertende oder Soll-Aussage (= deontische Aussage) gefolgert werden. Es ist nicht möglich, ethische Normen allein aus naturwissenschaftlichen Erkenntnissen herzuleiten oder ethische Aussagen auf naturwissenschaftliche Aussagen zu reduzieren. Gegen den ethischen Naturalismus (z.B. die evolutionäre Ethik, nach der die Kriterien des moralischen Verhaltens sich aus dem Verlauf der Evolution ergeben sollen) spricht zum einen, dass sich aus reinen Ist-Aussagen logisch keine Soll-Aussagen ableiten lassen („Humes Gesetz"), und zum anderen, dass das Gute im Sinne des höchsten ethischen Ziels nicht auf naturwissenschaftliche Begriffe reduzierbar ist („Naturalistischer Fehlschluss", G.E. Moore). Ethische Normen beziehen aber, soweit sie Handlungsfolgen berücksichtigen, stets auch naturwissenschaftliche Erkenntnisse mit ein. - Empirische Erkenntnis und Wissenschaft haben keine wertende Funktion, sie sagen einfach, wie die Welt ist, nicht wie sie sein sollte. Naturalistische Fehlschlüsse liegen z.B. vor, wenn ohne weitere ethische Begründung aus der deskriptiven Prämisse „Ohne Mutter ist der menschliche

Säugling hilflos" die normative Folgerung „Die Mutter darf nicht vom Säugling getrennt werden" abgeleitet wird oder wenn aus dem Umstand, dass Menschen meist versuchen, Schmerzen zu vermeiden, ohne weiteres gefolgert wird, Schmerzen sollen möglichst vermieden werden. Häufig bleiben in unseren alltäglichen Urteilen die normativen Prämissen verdeckt und es wird von Fakten, die zweifelsfrei feststehen, ohne weiteres auf bestimmte Imperative geschlossen, die uns zum Handeln oder Unterlassen auffordern.

Das höchste ethische Prinzip

B-066 - Höchstes ethisches Prinzip ist die Ausrichtung auf das Gute im Sinne der Förderung eines gelingenden individuellen menschlichen Lebens für sich selbst und möglichst viele Andere in der sozialen Gemeinschaft unter gleichzeitiger Beachtung der Würde jedes menschlichen Individuums. Die Definition folgt dem auf die griechische Philosophie zurückgehenden Leitgedanken der Eudämonie, d.h. dem Ideal einer gelungenen Lebensführung nach den Anforderungen und den Grundsätzen der philosophischen Ethik. „Bereits Aristoteles sieht die Grundlage moralischer Verbindlichkeit nicht im göttlichen Willen, sondern in Elementen, die im Menschen selber liegen: in der ‚eudaimonia', dem Glück, verstanden als Vollendung des dem Menschen immanenten Strebens, und im Logos als für den Menschen charakteristischer Leistung." (O. Höffe) Die Einbeziehung der Menschenwürde in das höchste ethische Prinzip berücksichtigt (in Abkehr von den zur Zeit des Aristoteles herrschenden moralisch-politischen Einstellungen gegenüber Frauen und Sklaven) wesentliche und ethisch unverzichtbare Errungenschaften der Aufklärung. Die Beachtung der Würde jedes menschlichen Individuums bedeutet, dass Menschen niemals nur als Mittel zum Zweck behandelt werden dürfen, sondern immer zugleich als Zweck an sich zu sehen und zu behandeln sind (I. Kant). Diese Forderung ist Bestandteil des höchsten ethischen

Prinzips, weil nur hierdurch der Sonderstellung jedes Menschen als eines mit Selbstbewusstsein, Vernunft und ethischer Verantwortlichkeit ausgestatteten Lebewesens Rechnung getragen wird und nur so das Gute im Sinne der Förderung eines gelingenden individuellen Lebens in der sozialen Gemeinschaft verwirklicht werden kann.

B-067 - Die ethische Forderung, die menschliche Würde zu wahren, setzt nicht den Glauben an einen persönlichen Gott sowie einen göttlichen Schöpfungsakt voraus, wohl aber die Anerkennung einer in uns selbst und in der uns umgebenden Welt wirkenden, die menschliche Vernunft gewaltig überragenden Intelligenz. Das Wesen dieser Achtung gebietenden Intelligenz ist der menschlichen Erkenntnis nicht zugänglich, wir können aber deren Wirken überall wahrnehmen, z.B. in den Naturgesetzen und eben auch in der menschlichen Vernunft und in jedem vernünftigen Wesen, dem deshalb besondere Würde zukommt.

B-068 - Für die Beantwortung der Frage, welche Lebensumstände definieren, was es bedeutet, ein gutes, gelingendes Leben eines Menschen und nicht irgendein anderes Leben zu führen, sind wir auf unsere Erfahrungen über das Wesen (die Natur) des Menschen angewiesen. Dabei ist unsere Sterblichkeit ein wesentliches Merkmal, aber auch unsere Abhängigkeit von der Außenwelt als soziale Wesen (das Bedürfnis nach Essen, Trinken sowie nach Hilfe und emotionaler Zuwendung anderer Menschen). Wir sind uns bestimmter kognitiver Fähigkeiten und der praktischen Vernunft als Elemente menschlichen Lebens bewusst. Historische Erfahrungen (z.B. mit totalitären oder zentralplanwirtschaftlichen Gesellschaften) zeigen uns, welch große Bedeutung für ein gutes, gelingendes Leben die Möglichkeit freier Lebensgestaltung ohne materielle Not für jeden Menschen hat. Hieraus wird auch ersichtlich, dass der Gesamtrahmen politischer und gesellschaftlicher Lebensumstände Einfluss darauf hat, welche Elemente den Inhalt eines guten, gelingenden menschlichen Lebens vorrangig bestimmen.

B-069 - Begriffe wie Glück, Lust, Macht, Reichtum, Gesundheit oder Umwelt können aus unterschiedlichen Gründen nicht als höchste ethische Ziele, Prinzipien oder Werte angesehen werden. Der Begriff des *Glücks* ist zu unbestimmt. Kurzes Glücksempfinden ist vergänglich, häufig folgt ihm Leiden. Ähnlich ist es mit der *Lust*. Auch sie ist vergänglich und führt leicht zu Überdruss, insbesondere wenn sie primär auf körperliches Lustempfinden bezogen wird. Außerdem ist sie im Kern egoistisch und damit keine für ein gelingendes Leben in der sozialen Gemeinschaft geeignete Orientierung. Das Streben nach *Macht* kann ein ethisches Ziel sein, wenn damit z.B. politische Ziele verfolgt werden, die ein gelingendes Leben für eine möglichst große Zahl von Menschen ermöglichen sollen. Aber selbst dann bleibt es Mittel zum Zweck und kann nicht als höchstes ethisches Prinzip anerkannt werden. Ähnlich ist es mit dem Streben nach *Reichtum*. Unbestreitbar gehört ein gewisser materieller Wohlstand zu den Voraussetzungen für ein gelingendes individuelles Leben. Materieller Wohlstand ist aber nur einer von mehreren für ein gutes Leben wichtigen Werten. Zumeist sind andere, ideelle Gesichtspunkte (wie z.B. Freiheit, emotionale Geborgenheit, Freundschaft, Frieden) bedeutsamer als materielle Güter. Auch das Streben nach *Gesundheit* kann nicht als höchstes ethisches Prinzip in Betracht kommen, so verständlich auch der Wunsch sein mag, ein möglichst schmerzfreies und auch sonst gesundes Leben zu führen. Denn, ob ein Mensch gesund oder krank ist, liegt zumeist gar nicht in seiner Macht. Schon deshalb kann das Streben nach Gesundheit nicht das höchste ethische Ziel sein, auch wenn die Frage nach den gesundheitlichen Auswirkungen der individuellen Lebensführung zweifelsfrei zu den Kriterien für eine gelingende Lebensführung gehört. Das Streben nach einem harmonischen Zusammenleben von Mensch und *Umwelt* sollte Bestandteil einer auf das höchste ethische Ziel ausgerichteten Lebensgestaltung sein, betrifft jedoch nur einen Teilaspekt der ethischen Gesamtfrage und kann deshalb nicht als höchstes ethisches Prinzip in Betracht kommen.

B-070 - Die Ableitung des höchsten ethischen Prinzips aus der menschlichen Natur bedeutet nicht, dass aus empirisch gewonnenen deskriptiven „Ist-Aussagen" ethische „Soll-Aussagen" gefolgert werden, denn, was die menschliche Natur ausmacht, beinhaltet selbst bereits eine Wertung. Angesichts der Unmöglichkeit eines absolut „objektiven" Blicks auf die menschliche Natur, die einen neutralen externen Beobachter voraussetzen würde, den es nicht geben kann, folgt die Objektivität normativer Behauptungen nur aus dem gemeinsamen Einverständnis moralischer Subjekte über tief geteilte Überzeugungen (interner Realismus). Nur aus uns selbst und auf der Grundlage unserer mit anderen geteilten Erfahrungen können wir wertende Erkenntnisse über das Wesen der menschlichen Natur herleiten. (H. Pauer-Studer, M. Nussbaum, H. Putnam)

Erfordernis einer kohärenten ethischen Praxis

B-071 - Es ist Skepsis geboten gegenüber philosophischen Theorien, die für sich in Anspruch nehmen, die Prinzipien für ethisch richtiges Verhalten abschließend zu erklären. Ethische Theorien können jedoch auch dann sinnvolle moralische Orientierungen enthalten, wenn sie für sich genommen nicht abschließend begründen können, was in bestimmten Situationen das ethisch gute und richtige Verhalten ist. Aus einer integrativen und abwägenden Gesamtschau aller ethischen Theorien und ihrer für die Verwirklichung des höchsten ethischen Prinzips positiven oder negativen Annahmen und Ergebnisse können konkretere ethische Verhaltensgrundsätze und moralische Normen abgeleitet werden. Hierbei kann es aber weder allein darum gehen, aus logisch übergeordneten Prinzipien im Wege der Deduktion nachgeordnete

Handlungsprinzipien abzuleiten, noch umgekehrt allein darum, im Wege der Induktion aus der ethischen Erfahrung in Einzelfällen gewonnene ethische Überzeugungen zu allgemeinen ethischen Prinzipien zu verallgemeinern. Ziel der Abwägung zwischen allen ethisch relevanten Gesichtspunkten, zu denen stets auch die richtige Erfassung der den Einzelfall kennzeichnenden Fakten gehört, ist die Gewinnung einer für die Verwirklichung des höchsten ethischen Prinzips insgesamt kohärenten normativen Praxis. (M. Quante)

Begrenzte Bedeutung von Kants kategorischem Imperativ

B-072 - Der Versuch Kants, ethisches Sollen a priori, d.h. unabhängig von jeder Erfahrung und ohne Rücksicht auf Handlungsfolgen, aus dem Wesen menschlicher Vernunft herzuleiten, kann nur insofern überzeugen, als er in seinen verschiedenen Formulierungen des kategorischen Imperativs zutreffend auf das Gebot der Beachtung der Menschenwürde und des formalen Prinzips der Allgemeingültigkeit ethischer Normen hinweist. Über diese für ethisches Verhalten notwendigen (aber nicht immer hinreichenden) Begründungselemente hinaus sind aus seiner ethischen Theorie kaum materiale Orientierungen abzuleiten. Für die ethische Bewertung konkreter Handlungen bedarf es zusätzlich einer Berücksichtigung der (beabsichtigten oder hingenommenen) Folgen menschlicher Handlungen. Diese spielen - anders als dies bisweilen bei einer formalistisch betrachteten (deontologischen) Pflichtenethik angenommen wird - allerdings bereits bei der für die Konkretisierung des (richtig verstandenen situationsbezogenen) kategorischen Imperativs erforderlichen Bildung von Handlungstypen eine wichtige Rolle. Außerdem kann nur der Blick auf die Handlungsfolgen verständlich machen, auf welches höchste Gut das ethische Verhalten gerichtet ist. Auch der kategorische Imperativ beansprucht universelle Geltung letztlich nur mit dem Ziel der Eudämonie, der Grundverfassung eines gelingenden menschlichen Lebens, der

Befähigung zu einem Leben in Selbstbestimmung und Selbstachtung. „Anders als Kant es hat sehen wollen, ist ein Begriff des guten Lebens in denjenigen des moralisch richtigen Handelns von vornherein eingebaut" (M. Seel).

Diskursregeln keine erschöpfende Begründung der Ethik

B-073 - Der Grundgedanke von K.- O. Apel und J. Habermas, dass in einer „unbegrenzten idealen Kommunikationsgemeinschaft" bestimmte ethische Verhaltensnormen beachtet werden, weil sonst ein performativer Selbstwiderspruch der Teilnehmer vorläge (Transzendentalpragmatik bzw. Universalpragmatik), vermag zu begründen, dass diese Bedingungen idealer Kommunikation für das menschliche Zusammenleben und die Suche nach wahrer Erkenntnis wichtig sind und beachtet werden sollten. Eine allgemeine Begründung für ethische Prinzipien ist daraus jedoch nicht ableitbar, weil der Diskurs als solcher die Gründe für die inhaltliche Richtigkeit von Argumenten nicht selbst erzeugen kann. Am Ende des intersubjektiven Austauschs von Argumenten zählen nur die substantiellen Gründe, die jeder Teilnehmer ebenso gut für sich alleine abwägen kann. (F. Ricken)

Kooperation keine erschöpfende Begründung der Ethik

B-074 - Aus der These, dass die Anforderungen der Moral mit dem aufgeklärten Eigeninteresse rationaler Individuen zusammenfallen, weil Menschen schon immer hätten kooperieren müssen (subjektiver ethischer Rationalismus), lässt sich keine erschöpfende Begründung für die universelle Geltung ethischer Normen gewinnen. Diese Idee macht plausibel, dass bestimmte ethische Normen für das soziale Zusammenleben in menschlichen Gemeinschaften unverzichtbar sind und vermag ihre Entstehung zu erklären. Die Erklärung der Genese ethischer Normen reicht jedoch nicht als Begründung für ihre

Geltungskraft als objektive und reale (ontologische) Struktur der Wirklichkeit, soweit sie lediglich auf den (veränderlichen) Konsens innerhalb bestimmter gesellschaftlicher Gruppierungen abstellt.

Ethische Intuition begründet Ethik nicht hinreichend

B-075 - Soweit in ethischen Theorien das individuelle Wahrnehmen (Wertfühlen, Wertschauen) bzw. die empirische Intuition, was gut ist, als Begründung für das Vorliegen objektiver, realer ethischer Werte angenommen wird (F. Brentano, M. Scheler, P. N. Hartmann, G. E. Moore), kann dem nur insofern gefolgt werden, als der ethischen Intuition in praktischer Hinsicht große Bedeutung zukommt und die Abweichung von empirisch vorgefundenen ethischen Normen besonderer Begründung bedarf. Die individuelle Intuition als solche besitzt aber keine hinreichende intersubjektive Überzeugungskraft.

Erfordernis integrativer Sicht ethischer Theorien

B-076 - Ziel der ethischen Bewertung von Handlungen unter Einbeziehung der Handlungsfolgen ist die bestmögliche Verwirklichung des höchsten ethischen Prinzips. Ethisch gut bzw. richtig ist nach dieser, deontologische und teleologisch/konsequentialistische Überlegungen verbindenden Auffassung die Handlung, die ein mindestens ebenso großes Übergewicht an guten gegenüber schlechten Folgen hervorbringt wie jede Handlungsalternative. Weder ein Außerachtlassen der Handlungsfolgen noch schematische utilitaristische Nutzenvergleiche der Handlungsfolgen (Nutzensumme, Durchschnittsnutzen etc.) führen dabei zu einer befriedigenden Antwort auf die Frage, welche Handlung in der gegebenen Situation bestmöglich dem höchsten ethischen Ziel entspricht. Erforderlich ist vielmehr eine an der Handlungs- und Lebenswirklichkeit der Menschen orientierte Abwägung aller ethischen Gesichtspunkte mit dem Leitgedanken einer Orientierung des Handelnden an der Zielsetzung, für sich und andere ein gutes, gelingendes Leben zu ermöglichen. Dabei ist der einzelne Mensch sowohl als sich selbst entwickelndes autonomes (d.h. mit individueller Würde ausgestattetes) Subjekt als auch als in die soziale Gemeinschaft eingebettetes Wesen zu betrachten. Neben der Bewertung konkreter Handlungen kommt es hier auch auf Gesichtspunkte an, die für die Bildung eines (im Sinne des höchsten ethischen Prinzips) wertvollen Charakters des Menschen maßgebend sind (Tugendethik). Es gilt, die Tugendethik und die Ethik der Regeln als einander ergänzend anzusehen, und nicht als Konkurrenten. Es liegt in der Natur der Tugendethik, dass „die Möglichkeit von Ratschlägen ziemlich begrenzt ist, die man in Bezug auf moralische Dilemmata von einem tugendorientierten Ansatz berechtigterweise erwarten kann." (R. B. Louden) Außerdem schließt das Vorhandensein eines guten, tugendhaften Charakters ein moralisch zu bewertendes Fehlverhalten der betreffenden Person im Einzelfall nicht aus, so dass nur zusätzliche ethische Kriterien eine Bewertung der Handlung ermöglichen.

Ethische Normen sind teilweise objektiv und real

B-077 - Ethische Normen sind zum Teil objektive und reale Aspekte der Wirklichkeit. Soweit sich ethische Normen bereits aus dem Wesen des Menschen ableiten lassen, sind sie objektiv (d.h. nicht auf Aussagen zurückführbar, in denen nur die Interessen empirischer Subjekte vorkommen) und real (d.h. von den Interessen einzelner Individuen unabhängige ontologische evaluative, d.h. werthaltige, normative Aspekte der Wirklichkeit). Objektive und reale ethische Normen sind universal gültig. Neben diesen universal gültigen ethischen Forderungen gibt es schwächer begründete ethische Normen, die den Umstand berücksichtigen, dass wir nicht nur vernünftige, sondern auch leibliche, leidensfähige und bedürftige Wesen sind. Solche Normen sind nicht im vordefinierten Sinne objektiv und real, weil sie zum Teil auf einem (sich ggf. verändernden) Konsens zwischen empirischen Subjekten beruhen. Diese, beide vorerwähnten ethischen Normbereiche berücksichtigende, philosophische Position, der ich mich anschließe, wird als „**schwacher ethischer Realismus**" bezeichnet (M. Quante). Danach gibt es nebeneinander einerseits universal gültige und andererseits (ergänzend dazu) auch bestimmte, aus der gewachsenen Lebensform einzelner Gemeinschaften entstandene ethische Prinzipien, die nicht als universal gültig angesehen werden können. Darüber hinaus bleiben auch die universal geltenden Prinzipien für unterschiedliche Anwendungen offen und lassen sowohl auf der personalen als auch der sozialen Ebene Eigenarten zu, die sich aus der Kultur-, Traditions- und Gemeinschaftsgebundenheit menschlichen Lebens ergeben. Umgekehrt gibt es auch in den Tugenden objektive Elemente, die „sich durch Gründe rechtfertigen lassen, welche sich nicht nur aus lokalen Traditionen und Praktiken ergeben, sondern aus menschlichen Wesensmerkmalen, die unter der Oberfläche aller lokalen Traditionen vorhanden sind und wahrgenommen werden müssen – ob sie nun von den lokalen Traditionen tatsächlich wahrgenommen und anerkannt werden oder nicht." (M. Nussbaum)

Gegenstände ethischer Bewertung

B-078 - Die Gegenstände ethischer Bewertung sind zum einen **individuelle Handlungen,** d.h. mit Wissen und Wollen des handelnden Individuums vorgenommene Veränderungen der Wirklichkeit. Unterlassungen sind ethisch relevante Handlungen, wenn Umstände vorliegen, die ein aktives Tun im konkreten Fall gebieten (Garantenpflicht). Wissen und Wollen sind Voraussetzungen für Freiwilligkeit. Unwissenheit kann Freiwilligkeit nur dann aufheben, wenn die handelnde Person sich nach besten Kräften um Wissen bemüht hat und mit dem relevanten Wissen anders gehandelt hätte. Hinsichtlich des Wissens um die Handlungsfolgen sind sowohl die zur Handlung motivierenden als auch die nur als Nebenfolge hingenommenen und gebilligten Folgen für die ethische Bewertung wichtig. Große Bedeutung hat das Wollen des Handelnden (= die Absicht der Verwirklichung). Bei Handlung unter äußerem Zwang fehlt die Freiwilligkeit der Handlung. Die ethische Bewertung individueller Handlungen erfolgt zumeist in der Form von **Imperativen** („du sollst" oder „du sollst nicht"; „ist geboten" oder „ist verboten").

B-079 - Ethisch bewertet werden zum anderen auch **Handlungstypen, Zustände und Institutionen** im Hinblick auf ihre positiven oder negativen Auswirkungen auf die Verwirklichung von ethischen Zielen. Ethisch relevante Zustände sind auch die den Charakter eines Menschen bestimmenden **Tugenden oder Laster**, bei denen nicht primär auf konkrete Handlungen, sondern auf die grundsätzliche ethische Orientierung der handelnden Subjekte abgestellt wird (= ethischer Habitus). Die dabei angestrebten ethischen Güter, denen eine gewisse Beständigkeit eigen sein muss, werden mit dem Begriff „**Wert**" bezeichnet. Ethische Werte dienen über die allgemeine ethische Kennzeichnung menschlicher Handlungen und Charaktere hinaus auch zur Orientierung darüber, welche politischen, wirtschaftlichen und gesellschaftlichen Rahmenbedingungen und (materiellen und immateriellen) Güter aus ethischer Sicht für ein gelingendes Gemeinschaftsleben erforderlich sind. Sprachlich erfolgt hier die ethische Bewertung zumeist in der Form von Werturteilen („ist gut" oder „ist schlecht").

Ethische Werte

Orientierung ethischer Werte am höchsten ethischen Ziel

B-080 - Welche Werte als ethische Orientierungen angesehen werden können und in welchem Verhältnis einzelne Werte zueinander stehen, ist aus der Bedeutung abzuleiten, die diese Güter insgesamt für ein gelingendes Leben jeden Individuums unter Berücksichtigung seiner Einbettung in die Gemeinschaft mit anderen haben.

Menschliche Grundbedürfnisse als Maßstab ethischer Werte

B-081 - Ein Maßstab für ethische Werte, der mit intersubjektiv überzeugenden Argumenten vertreten werden kann, sind die Grundbedürfnisse, die über alle religiösen, weltanschaulichen oder kulturellen Grenzen hinweg jedem Menschen zuzuerkennen sind, damit er ein dem menschlichen Wesen entsprechendes Leben führen kann. Zwar lässt sich darüber streiten, was im Einzelnen zu den universal anzuerkennenden menschlichen Grundbedürfnissen gehört und in welchem Maße sie zwingend befriedigt werden sollten, fest steht aber, dass ohne die Befriedigung folgender Bedürfnisse kaum von einem gelingenden menschlichen Leben gesprochen werden kann:

– Elementare körperliche (biologische) Bedürfnisse wie Atmung (saubere Luft), Wärme (Kleidung), Trinken (sauberes Trinkwasser), Essen (gesunde Nahrung), Schlaf (ausreichende Ruhe und Entspannung)

– Bedürfnis nach Sicherheit für Leib und Leben, Freiheit von Angst vor Gewalttaten anderer, ausreichende Unterkunft (Wohnung) für sich selbst und seine Familie

– Bedürfnis nach sozialen Beziehungen (Respekt der eigenen Persönlichkeit, Kommunikation, Partnerschaft, Liebe, sexuellen Kontakt, Freundschaft mit anderen)

– Bedürfnis nach einer gewissen Entscheidungsautonomie (Freiheit zur eigenen Lebensgestaltung). Während die vorerwähnten Bedürfnisse mit gewissen Einschränkungen auch für das Leben der Tiere Bedeutung haben, handelt es sich hier um ein spezifisch menschliches Bedürfnis, das sich aus der Natur des Menschen als eines nicht nur mit Bewusstsein und Gefühlen, sondern zusätzlich mit Selbstbewusstsein und Vernunft ausgestatteten Wesens erklärt.

Gesamtschau materieller und ideeller ethischer Werte

B-082 - Da nicht nur materielle, sondern auch immaterielle Voraussetzungen gegeben sein müssen, damit menschliches individuelles und gemeinschaftliches Leben gelingen kann, haben ethische Werte sowohl materiellen als auch ideellen Inhalt. Dabei zielt jeder einzelne Wert auf einen Idealzustand, dessen Verwirklichung im praktischen Leben sowohl immanente innere Grenzen als auch andere Werte entgegenstehen können. So findet z.B. die Freiheit eine immanente Grenze an der Freiheit des jeweils anderen und ebenso an dem Wert der Gleichheit aller vor staatlichen Gesetzen. Ethische Orientierung ist also nicht aus dem Gedanken der Verwirklichung nur eines oder mehrerer einzelner Werte zu gewinnen, sondern immer nur aus einer Gesamtschau des Spektrums aller ethischen Werte.

Rangordnung ethischer Werte

B-083 - Ethische Werte haben ähnlich wie die menschlichen Grundbedürfnisse unterschiedlichen Rang. Aus der Antwort auf die Frage, welche Werte beachtet werden müssen, damit andere Werte überhaupt verwirklicht werden können, ergeben sich grundsätzliche Antworten auf die Rangfrage. So ist es z.B. nicht vorstellbar, dass ohne ein Mindestmaß an Sicherheit vor Gefährdungen von Leib oder Leben, vor Durst, Hunger und Obdachlosigkeit der Wert der Freiheit verwirklicht werden könnte. Letztlich kommt es im Falle von Zielkonflikten zwischen verschiedenen Werten jeweils auf die faktische Sachlage an, um zu entscheiden, welchem Wert der höhere Rang gebührt. Dies verweist wieder auf die Bedeutung der menschlichen Vernunft als entscheidenden Maßstab für die konkretisierende Abwägung zwischen verschiedenen ethischen Werten.

Wichtige ethische Werte

An dieser Stelle gehe ich nur auf allgemeine Werte ein, die grundsätzliche Bedeutung für alle spezielleren Ethikbereiche haben, ohne damit einen auch nur annähernd erschöpfenden Überblick über die große Zahl allgemeiner ethischer Werte anzustreben. Ich kann auch nur versuchen, einige wesentliche Kernelemente dieser einzelnen Werte zu skizzieren.

Respekt vor der Würde jedes Menschen

B-084 - Wesentlichster ethischer Wert ist der Respekt vor der Würde jedes Menschen. Aus der Natur des Menschen als eines vernunftbegabten Lebewesens und dem Erfordernis der Achtung dieser besonderen Eigenschaft als Basis jeglicher Ethik ergibt sich, dass jeder Mensch (unabhängig von seinem möglicherweise zu verurteilenden Verhalten) als Wert an sich zu achten ist. Niemals darf ein Mensch nur als Mittel für andere Zwecke gesehen und behandelt werden. Dies impliziert, dass kein Mensch wegen irgendwelcher Eigenschaften, die außerhalb seiner freien Gestaltungsmöglichkeiten liegen, unterschiedlich behandelt werden darf (Diskriminierungsverbot). Außerdem fordert der Respekt vor der Menschenwürde die Ablehnung der Todesstrafe, weil die Vernichtung menschlichen Lebens ohne rechtfertigende Gesichtspunkte wie Notwehr oder Nothilfe die sich aus der Würde jedes einzelnen Menschen ergebende Grenze staatlichen Handelns missachtet.

Sicherheit

B-085 - Der Respekt vor der Würde jedes Menschen setzt ein gewisses Maß an Sicherheit für jedes Individuum voraus, die es ihm ermöglicht, ein menschenwürdiges Leben zu führen. Sicherheit meint hier vor allem das Fehlen von Angst um Leib und Leben für sich selbst oder nahe Angehörige, das Fehlen von Hunger und Durst oder Obdachlosigkeit. Zur elementaren Sicherheit gehört außerdem der Schutz der häuslichen Privatsphäre und von Privatgeheimnissen bei der Kommunikation mit anderen. Wer ohne diese grundlegende Sicherheit ist, kann die dem Menschen gegebenen Möglichkeiten zum Einsatz von Vernunft und Empathie nicht entfalten.

Freiheit

B-086 - Der Zustand elementarer Sicherheit ist die Grundlage freier Entfaltung der Persönlichkeit jedes menschlichen Individuums. Freiheit bedeutet hier, das eigene Verhalten selbst gestalten zu können, seinen Beruf und seinen Aufenthaltsort bestimmen zu können, ohne willkürlichem Zwang anderer Menschen oder gesetzlichen Regelungen ausgesetzt zu sein, auf deren Inhalt das einzelne Individuum keinerlei Einfluss hat. In jeder Gemeinschaft findet Freiheit freilich auch eine immanente Grenze in dem Erfordernis der Anerkennung der Freiheit der Anderen. Ohne Informations- und Meinungsfreiheit, Presse- und Medienfreiheit, Demonstrations-, Versammlungs- und Vereinigungsfreiheit ist dem Einzelnen eine Mitwirkung an der Setzung von Regeln für das Gemeinschaftsleben, die er innerlich bejahen und als legitime Einschränkung seiner Freiheit akzeptieren kann, unmöglich. Hieraus ergibt sich die elementare Bedeutung politischer Freiheitsrechte.

Privateigentum

B-087 - Menschen, die keine materiellen Güter ihr Eigen nennen und nach eigenem Gutdünken verwenden dürften, könnten ihr Leben nicht frei gestalten. Privateigentum sowie auch die Möglichkeit, Eigentum zu vererben, gehören deshalb in gewissem Umfang zu den elementaren ethischen Werten. In Rahmen der Sozialphilosophie ist freilich zu klären, welche Grenzen dem Privateigentum sinnvollerweise gesetzt werden sollten.

Gerechtigkeit und Fairness

B-088 - Wesentliche Orientierungspunkte zur Bestimmung dessen, was den ethischen Wert der Gerechtigkeit und Fairness ausmacht, gewinnt man aus dem Gedanken des Respekts vor der Würde jedes Menschen. Aus ihm folgt, dass willkürliche Ungleichbehandlung menschlicher Individuen dem Guten als Bedingung gelingenden Lebens in der Gemeinschaft widerspricht. Denn wer diskriminiert wird (und dies merkt), wird darin eine Missachtung seiner Würde sehen und dies nicht ohne weiteres über längere Zeit hinnehmen. Der sich hieraus ergebende Unfriede mindert die Möglichkeit gelingenden menschlichen Lebens für alle. Aus diesen Überlegungen lassen sich Grundgedanken zu näherer Bestimmung der Grenzen der Tauschgerechtigkeit sowie der Verteilungsgerechtigkeit gewinnen. Auch dem Gerechtigkeitserfordernis der Anwendung grundsätzlich gleicher, nichtdiskriminierender Grundsätze bei der Lösung zwischenmenschlicher Konflikte und bei der Ahndung von rechtlichem und/oder sittlichem Fehlverhalten liegt letztlich der Respekt vor der Würde jedes Menschen zugrunde. Gerecht ist dabei freilich niemals die schematische Gleichbehandlung unter Vernachlässigung wesentlicher Unterschiede der jeweiligen Sachlage. Die Beantwortung der Frage, welche tatsächlichen Unterschiede welche Ungleichbehandlung im Einzelfall rechtfertigen können, ist permanente ethische Aufgabe des Einzelnen und der Gemeinschaft.

Empathie, Wohlwollen, Solidarität

B-089 - Menschliches Leben in der Gemeinschaft mit anderen kann nur gelingen, wenn die Mitglieder dieser Gemeinschaft einander grundsätzlich mit Wohlwollen begegnen, bereit sind, die Empfindungen anderer wahrzunehmen (Empathie), und Anderen im Rahmen der eigenen Möglichkeiten zu helfen, wo Hilfe erforderlich ist (Solidarität). Einem ausschließlich an Gerechtigkeit orientierten Zusammenleben der Menschen würde die emotionale Wärme fehlen, die für ein gelingendes menschliches Leben nach unserer Lebenserfahrung notwendig ist. Die Bestimmung der richtigen Mitte zwischen einer Berücksichtigung der Eigeninteressen des Individuums (Selbstzentriertheit, Egoismus) und den Interessen der Anderen (Fremdzentriertheit, Altruismus) ist ständige ethische Herausforderung sowohl des Einzelnen als auch der menschlichen Gesellschaft.

Vertrauen, Wahrhaftigkeit

B-090 - Gelingendes menschliches Leben in der Gemeinschaft mit anderen setzt ein gewisses Vertrauen auf die Gerechtigkeit und Fairness sowie die Wahrhaftigkeit anderer Mitglieder dieser Gemeinschaft voraus. Fehlt dieses Vertrauen, entsteht Unsicherheit über das Verhalten des jeweils Anderen, die zu einer Minderung des guten Lebens in der Gemeinschaft führt. Vertrauen ist ohne Wahrhaftigkeit in den für den Einzelnen wesentlichen Aspekten des Lebens ständig gefährdet. Deshalb ist sie ein wichtiger ethischer Wert sowohl im Verhältnis einzelner Individuen als auch im politisch-sozialen Diskurs. Auch die Wahrhaftigkeit ist jedoch stets im Zusammenhang mit anderen ethischen Werten zu sehen und muss ggf. gegenüber höherrangigen Werten zurückstehen. Wenn die Offenbarung von Tatsachen z.B. zu krimineller Gefährdung von Leib und Leben anderer führen würde, kann (anders als dies Kant sah) die bewusste Unwahrhaftigkeit sogar ethisch geboten sein.

Toleranz

B-091 - Die Anerkennung der Freiheit jedes menschlichen Individuums impliziert grundsätzlich die Duldung unterschiedlicher Anschauungen und Handlungsweisen, auch soweit diese den eigenen Überzeugungen widersprechen (Toleranz). Andererseits ist aber auch die Zurückweisung und Bekämpfung intoleranten Verhaltens eine Bedingung für die praktische Verwirklichung menschlicher Freiheit. Toleranz bedeutet keineswegs Gleichgültigkeit im Hinblick auf unterschiedliche individuelle Werthaltungen, sondern ist eine Form des Respekts vor der Verschiedenheit menschlicher Lebensgestaltung. Die Toleranz fordert nicht, davon abzusehen, die soziale Wirklichkeit entsprechend der eigenen Überzeugung mitzugestalten. Gegenüber Verhaltensweisen anderer, die zu schweren Beeinträchtigungen oder Gefährdungen wesentlicher ethischer Werte führen, ist Toleranz nicht gerechtfertigt.

Nachhaltigkeit der Nutzbarkeit materieller Ressourcen

B-092 - Nachhaltigkeit in der Verwendung der für das menschliche Leben notwendigen materiellen Güter ist ein ethischer Wert insofern, als hierdurch der Verantwortung für die Erhaltung der Lebensgrundlagen auch für künftige menschliche Generationen entsprochen wird.

Moralische Tugenden

Wesen und Funktion moralischer Tugenden

B-093 - Tugenden sind durch Erziehung und praktisches Verhalten er-
lernte und eingeübte moralische Einstellungen menschlicher Individuen, die grundsätzlich und beständig darauf gerichtet sind, das
höchste ethische Prinzip durch eigenes Handeln zu verwirklichen und
die sich deshalb an den grundlegenden ethischen Werten orientieren.
Tugenden respektieren und fördern die Selbstachtung und Selbstbestimmung der Menschen, Laster hingegen verletzen und behindern sie.
Für die Orientierung an Tugenden spricht, dass sich die Behauptung
von Sokrates, Einsicht und Wissen führten von selbst zu moralisch
richtigem Verhalten, in der Erfahrung nicht bestätigt hat. Die bloße
Vernunftmoral verkennt die Bedeutung der affektiven Bindung und
der Motivation. Sittliche Grundhaltungen entstehen nicht schon durch
Belehrung, sondern durch Einübung, durch affektives Lernen (M. Ho-
necker).

Tugenden als Voraussetzung gesamthafter Lebensführung

B-094 - Das Leben von Menschen, die keine Tugenden haben, wäre
bestimmt von zu vielen Konflikten und zu viel Willkür. Tugenden, die
an dem Ziel eines ganzen, als Einheit begriffenen Menschenlebens orientiert sind, tragen dazu bei, dieses Ziel auch praktisch zu erreichen.
Ohne Tugenden würde der einzelne Mensch das Ziel, sein Leben in
seiner Gesamtheit als selbstbestimmte Einheit zu begreifen, verfehlen.
(A. MacIntyre)

Unterschied von Tugend und ethisch richtiger Handlung

B-095 - Da sich Tugenden auf grundsätzliche ethische Eigenschaften des Charakters einer Person und nicht primär auf die ethisch richtige Handlung beziehen, stellen sie zunächst nur eine grundsätzliche, vorausschauende Verhaltensorientierung dar. Welche Handlung im Einzelfall ethisch richtig oder falsch ist, kann zumeist nur unter Heranziehung weiterer relevanter Gesichtspunkte deontologischer und teleologisch/konsequentialistischer Elemente ethischer Theorien, also unter Beachtung der sich aus dem Wesen des Menschen bzw. aus der Abwägung von Handlungsfolgen für den konkreten Fall ergebenden ethischen Forderungen, beantwortet werden. Tugenden und moralische Verhaltensregeln für konkrete Handlungen stehen dabei im Verhältnis gegenseitiger Ergänzung, weil sie auf dieselben ethischen Werte gerichtet sind.

Über Pflichterfüllung hinausgehendes Motiv der Tugend

B-096 - Kennzeichen der Tugenden ist eine grundsätzliche Haltung oder Einstellung, die dazu führt, dass der Mensch nicht aus Zufall oder aus einer glücklichen Stimmung heraus handelt, sondern aufgrund eines verlässlichen Bestandteils seiner Persönlichkeit. Dabei kommt es nicht allein darauf an, mit einer gewissen Stetigkeit richtig zu handeln, sondern auch darauf, das Richtige gern tun zu wollen, also auf eine auf die Verwirklichung des ethisch Guten gerichtete Handlungsmotivation.

B-097 - Tugenden lenken den Blick auf die Bedeutung der über pflichtgemäßes Handeln hinausgehenden ethischen Handlungsmotive für ein gelingendes Leben in der Gemeinschaft mit anderen. Das höchste ethische Ziel eines guten Lebens des Einzelnen in der menschlichen Gesellschaft erfordert nicht nur, dass im ethischen Zweifelsfall moralisch richtig gehandelt wird, d.h. dass Gebote und Verbote eingehalten werden. Die praktische Lebenserfahrung lehrt darüber hinaus, dass ein gelingendes, glückliches Leben in der Gemeinschaft mit anderen ein grundsätzliches Handlungsmotiv voraussetzt, durch eigenes Verhalten das Lebensglück für sich selbst und seine Mitmenschen zu fördern. Bloße Erfüllung moralischer Pflichten ohne eigenes Wollen des Guten vermag kaum Gutes zu schaffen. Gutes Zusammenleben der Menschen wird durch grundsätzliche Empathie für den Anderen gefördert. Diese Einstellung dient allen Beteiligten. Deshalb liegt auch kein ethischer Widerspruch darin, durch die Erfüllung ethischer Pflichten zugleich sein eigenes Lebensglück fördern zu wollen. - Kants Definition der Tugend als „die Stärke der Maxime des Menschen in Befolgung seiner Pflicht", als „die fest gegründete Gesinnung, seine Pflicht genau zu erfüllen", misst dem über bloße Pflichterfüllung hinausgehenden (das Wohl des Anderen sowie die Folgen eigenen Verhaltens mitbedenkenden) Element der Tugenden zu geringe Bedeutung bei.

Objektive Elemente einer Tugendethik

B-098 - Es gibt objektive Elemente einer Moral, die auf der Idee des tugendhaften Handelns basiert, d.h. des richtigen Tuns in jedem menschlichen Bereich. Sie ermöglicht es, lokale und traditionelle Moralvorstellungen anhand einer umfassenderen Auffassung der menschlichen Lebensumstände und des durch die Umstände geforderten menschlichen Handelns zu kritisieren. Diese objektive Moral ist prinzipiell offen für eine Weiterentwicklung und Anpassung an Veränderungen der allgemeinen Lebensumstände, wobei die reale menschliche Erfahrung als Ausgangsbasis erhalten bleibt. (M. Nussbaum)

B-099 - Der Anerkennung objektiver Tugendelemente widerspricht nicht das Argument, die Feststellung übereinstimmender menschlicher Erfahrungs- und Entscheidungsbereiche in allen Gemeinschaften lasse keinen Schluss darauf zu, dass die Beteiligten nach einer einzigen praktischen Lösung suchen oder sie überhaupt für wünschenswert halten.

Diese Kritik ist erstens deswegen nicht überzeugend, weil die Annahme einer objektiven Moral keineswegs fordert, bei der Suche nach der ethisch richtigen Lösung nur eine einzige Antwort für vertretbar zu halten. Schon die Möglichkeit, bestimmte Verhaltensweisen als ethisch falsch auszuschließen, ist Element einer objektiven Moral.

Zweitens ist die Annahme objektiver ethischer Prinzipien durchaus damit vereinbar, dass deren konkrete Präzisierungen je nach den lokalen Praktiken und Bedingungen unterschiedlich ausfallen können.

Drittens ist es gerade ein Kernelement der Tugendethik, die Fähigkeit des gut handelnden Menschen zu pflegen, sich der situativen Besonderheiten bewusst zu sein, in denen sie handeln und sich entscheiden müssen. Die Idee der „Priorität des Besonderen" ist also mit einer objektiven Moral durchaus vereinbar. Der aristotelische Ansatz der Tugendethik „ist einem allgemeinen (und offenen) Bild vom menschlichen Leben, seinen Bedürfnissen und Möglichkeiten verpflichtet, lässt sich aber in jeder Phase auf die konkreten historischen und kulturellen Bedingungen ein." (M. Nussbaum)

B-100 - Gegen die Annahme objektiver Elemente einer Tugendethik spricht auch nicht die Behauptung, es gebe keine gemeinsamen menschlichen ethischen Erfahrungsbereiche. Zwar trifft es zu, „dass es bei jeder Frage von tiefer menschlicher Bedeutung nicht ein ‚unvoreingenommenes Auge' oder eine Weltsicht geben kann, die völlig neutral und frei von kultureller Prägung wäre" (M. Nussbaum) und dass ethische Fragen stets in ihrem sprachlichen und kulturellen Gesamtzusammenhang zu sehen sind, auf den schon die Veränderung einzelner Elemente Auswirkungen hat. Das relativistische Argument unterschätzt hier aber vor dem Hintergrund heutiger kulturübergreifender Kommunikation und Diskussion, in welchem Maße es im Bereich ethischer Grunderfahrungen „tatsächlich kulturübergreifende Berührungspunkte, Verständigungsmöglichkeiten und Übereinstimmungen gibt." (M. Nussbaum)

Kennzeichen eines tugendhaften Charakters

B-101 - Tugendhaft ist der Charakter eines Menschen dann, wenn sein grundsätzliches und beständiges Wollen und Tun (die Intentionalität des von ihm gesteuerten Verhaltens) auf das Ziel der Eudämonie, der Grundverfassung eines gelingenden menschlichen Lebens, der Befähigung zu einem Leben in Selbstbestimmung und Selbstachtung für sich selbst und die Anderen gerichtet ist. Bei der typisierenden Konkretisierung des Inhalts der als tugendhaft zu bewertenden charakterlichen Vor-Einstellungen bzw. Verhaltensdispositionen kann man zunächst einen universellen Erfahrungs- und Entscheidungsbereich eingrenzen und danach fragen, welches das in diesem Bereich ethisch richtige Verhalten ist, d.h. welches Verhalten der Verwirklichung des höchsten ethischen Ziels am besten entspricht. Als Tugend bezeichnen wir dann den Verhaltenstyp, der dieses ethisch Richtige kennzeichnet. Dabei meint Tugend hier die Gesamtheit der im Charakter eines Menschen vorhandenen, auf das höchste ethische Ziel hin ausgerichteten und gegenseitig ausbalancierten Einzeltugenden. Jeder Mensch muss in diesen Erfahrungs- und Entscheidungsbereichen zwangsläufig irgendwelche Entscheidungen treffen und in einer bestimmten Weise (richtig oder falsch) handeln, deshalb kann man sich - wo immer man lebt - dieser allgemeinen Frage nicht entziehen, solange man ein lebendiges menschliches Wesen ist. Hieraus ergeben sich Anhaltspunkte für schlechthin dem Wesen des Menschen entsprechende (objektive und reale) und nicht nur dem Konsens historisch wechselnder

Gemeinschaften entstammende (subjektive und damit kontingente) ethische Orientierungen. (M. Nussbaum)

Moralische Ambivalenz menschlicher Verhaltensdispositionen

B-102 - Die einen menschlichen Charakter bestimmenden einzelnen Verhaltensdispositionen sind zahlreich und vielfältig. Ob und inwieweit sich das Zusammenspiel dieser einzelnen Verhaltensdispositionen als moralisch positiv oder negativ auswirkt, ist angesichts der moralischen Ambivalenz vieler dieser Dispositionen nicht immer leicht zu beurteilen. Dabei ergeben sich die Schwierigkeiten nicht nur aus der Unwägbarkeit vieler Handlungssituationen, sondern auch aus der Komplexität des Zusammenspiels der charakterlichen Vor-Einstellungen des Individuums. Tugenden einer konkreten Person gibt es jeweils nur im Plural, weil sie unterschiedliche Elemente des Gesamtcharakters eines menschlichen Individuums beschreiben. Nicht jeder, der eine Tugend hat, besitzt etwas, das bei ihm als Tugend wirkt. Dies erklärt, dass einzelne Tugenden in ihren Auswirkungen nicht ohne gleichzeitige Abwägung mit anderen Tugenden (oder Lastern) der betreffenden Person beurteilt werden können (Ph. Foot). Tugenden und Laster sind schwankende Haltungen, die sich im Zuge des Handelns gelegentlich ins Gegenteil verkehren können und selbst im Idealfall insgesamt eine heikle, veränderliche Balance darstellen. Der Zusammenhang, in dem die Tugenden untereinander und zu den Lastern stehen, hat die Form eines offenen Ganzen, das wegen der Interdependenzen und Interaktionen zwischen ihnen und ihren internen Elementen nicht fix oder fixierbar, sondern indefinit ist (M. Seel).

B-103 - Trotz der Ambivalenz und der Interdependenz der einzelnen Tugenden und Laster lassen sich aus ihrer näheren Betrachtung Orientierungen dafür entnehmen, was den Charakter eines Menschen tugendhaft macht und was nicht. Als Tugend wirken Verhaltensdispositionen grundsätzlich dann, wenn sie die Selbstachtung und Selbstbestimmung der Menschen respektieren und fördern, als Laster hingegen, wenn sie diese verletzen und behindern.

Annahme vollkommener Tugendhaftigkeit ist illusionär

B-104 - Angesichts der Vielfalt und Komplexität sowie der Situationsgebundenheit und Veränderbarkeit des Zusammenspiels der einzelnen Tugenden und Laster wäre die Vorstellung von einem vollkommen tugendhaften Menschen illusionär. Eine solche Vorstellung wäre auch deshalb unzutreffend, weil die Menschen unterschiedlich sind und das Tugendhafte jedes Individuums darin besteht, die ihm selbst nach seinen menschlichen Qualitäten möglichen Kombinationen ethisch guter Verhaltensdispositionen zu erreichen.

Primär- und Sekundärtugenden

B-105 - Nach den ethischen Werten, auf die sie sich richten, sind (moralische) Primärtugenden (z.B. Besonnenheit, Weisheit, Gerechtigkeit, Hilfsbereitschaft, Tapferkeit, Mäßigung, Toleranz) zu unterscheiden von (bloß instrumentellen) Sekundärtugenden (z.B. Konzentration, Ordnungsliebe, Pünktlichkeit, Sparsamkeit, Fleiß). Primärtugenden sind auf etwas in sich Gutes gerichtet. Dies trifft bei Sekundärtugenden nicht zu. Bei ihnen kommt es darauf an, wofür sie eingesetzt werden. Es besteht eine ethische Rangfolge zwischen Primär- und Sekundärtugenden, die zu beachten ist. Sekundärtugenden dürfen nicht zum Selbstzweck werden, wenn hierdurch höherrangige moralische Tugenden missachtet werden. Sekundärtugenden sind Elemente einer praktisch sinnvollen Lebensgestaltung, die moralische Qualität indirekt insofern haben, als in der sinnvollen Gestaltung des eigenen Lebens auch der Respekt vor dem Anderen und die Verantwortung gegenüber Angehörigen zum Ausdruck kommt.

Ethische Tugenden und Verstandestugenden

B-106 - Der Unterscheidung von ethischen Tugenden einerseits und Verstandestugenden (dianoëtischen Tugenden) andererseits dürfte eher theoretische als praktische Bedeutung zukommen. Aristoteles führt diese Unterscheidung ein, weil er neben den ethischen Tugenden, die er mit dem Gehorsam des Kindes gegenüber seinen Eltern vergleicht, auch Weisheit, Verstand und Klugheit, die ein Mensch in sich selbst hat, als lobenswerten Habitus und damit als Tugend erfassen will. Angesichts des Umstandes, dass ein tugendhafter Habitus immer aus dem ausbalancierten Zusammenspiel vieler Einzeltugenden besteht und dabei die in der Erziehung erworbenen ethischen Grundhaltungen und die Vernunft gleichermaßen wichtig sind, lässt sich z.B. schwerlich ein Vorrang des Verstandes vor der Empathie ableiten.

„Rechte Mitte" als Leitgedanke tugendhaften Verhaltens

B-107 - Vielen moralischen Tugenden ist gemeinsam, dass sie einen Mittelweg zwischen extremen Verhaltensmöglichkeiten anstreben (z.B. Tapferkeit als Mitte zwischen Tollkühnheit und Feigheit) mit dem Ziel einer den Menschen am besten gerecht werdenden Lebensgestaltung. Dies würde verkannt, wenn man das Kriterium der rechten Mitte als Prinzip der Mittelmäßigkeit missversteht. Bei der Frage, wo für den einzelnen Menschen die rechte Mitte tugendhaften Lebens liegt, sind die ihm von Natur aus gegebenen bzw. fehlenden Eigenschaften und Veranlagungen von Bedeutung. Die Tugend ist „ein Habitus des Wählens, der die nach uns bemessene Mitte hält und durch die Vernunft bestimmt wird, und zwar so, wie ein kluger Mann ihn zu bestimmen pflegt. Die Mitte ist die zwischen einem doppelten fehlerhaften Habitus, dem Fehler des Übermaßes und des Mangels; sie ist aber auch noch insofern Mitte, als sie in den Affekten und Handlungen das Mittlere findet und wählt, während die Fehler in dieser Beziehung darin bestehen, dass das rechte Maß nicht erreicht oder überschritten wird." ... Sie ist nach ihrer Substanz und ihrem Wesen „Mitte; insofern sie aber das Beste ist und alles gut ausführt, ist sie Äußerstes und Ende." (Aristoteles).

Tugenden als Ziel praktischer ethischer Bildung

B-108 - Tugenden sind nicht Ergebnis bloßer theoretischer Erkenntnis. Sie sind nur dann vorhanden, wenn sie das praktische Leben des Menschen bestimmen. Dieses Ziel zu erreichen, muss ein wesentliches Ziel praktischer ethischer Bildung sein. Hat der Menschen einmal zu einer ethisch negativen Grundeinstellung gefunden, so vermag er die moralische Fragwürdigkeit seines Verhaltens oft gar nicht mehr zu erkennen.

B-109 - Literarische Werke können als „Partner der ethischen Theorie" (M. Nussbaum) dazu beitragen, ethische Gefühle und tugendhafte Einstellungen zu fördern, indem wir im Identifikationsprozess mit fiktiven Personen moralische Konfliktsituationen durchleben, unser Wahrnehmungsvermögen erweitern und uns sensibilisieren für die moralisch wesentlichen Gesichtspunkte möglichen Verhaltens in bestimmten Situationen. Dies schließt natürlich eine gegenteilige Wirkung von medialen Einflüssen auf die Entwicklung unserer grundsätzlichen Verhaltensdispositionen nicht aus.

Tugendkataloge

B-110 - Seit jeher hat man sich bemüht, in Tugendkatalogen Grundeinstellungen zu bestimmen, die für die Erkennbarkeit als einigermaßen guter Mensch als unabdingbar angesehen werden. Damit soll ein Kern menschlichen Gutseins markiert werden, an dem sich die zahlreichen weiteren Tugenden ausrichten können. Die traditionellen

Kardinaltugenden der antiken Ethik (Weisheit, Besonnenheit, Mut, Gerechtigkeit) dürften aus heutiger Sicht kaum ausreichen, um diese Funktion zu erfüllen. Die im Korintherbrief des Apostels Paulus hinzugefügten drei christlichen Tugenden Glaube, Hoffnung und Liebe können aus philosophischer Sicht nur insoweit als Orientierung in Betracht kommen, als in ihnen ethisch wertvolle Grundeinstellungen zum Ausdruck kommen, die unabhängig vom christlichen Glauben allein aus der Vernunft und der Erfahrung begründbar sind.

Wichtige moralische Einzeltugenden

B-111 - Als vorrangige moralische Tugenden verdienen aus heutiger Sicht vor allem Gerechtigkeit, Wohlwollen, Empathie, Solidarität, Besonnenheit, Gelassenheit, Mäßigung, Weisheit, Mut und Tapferkeit, Toleranz, Großzügigkeit, Wohltätigkeit sowie die Fähigkeit zu Freundschaft und Liebe nähere Betrachtung.

Gerechtigkeit

B-112 - Ein gerechter Mensch misst sich selbst und anderen grundsätzlich gleiche Rechte zu. Er behandelt andere nach ihrem Verdienst oder Wert und legt dabei einheitliche und sachliche Maßstäbe an. Wenn er Verträge schließt, achtet er auf die Angemessenheit von Leistung und Gegenleistung. Er hält, was er verspricht, und sieht sich an von ihm abgeschlossene Verträge gebunden. Die Kriterien, nach denen das Maß der Gerechtigkeit beurteilt werden kann, sind vielfältig und mitunter schwer zu beurteilen. Sie können im Einzelfall auch divergierende Entscheidungsvarianten nahelegen, bei denen keine im Vergleich zu anderen eindeutig Vorrang verdient. Vollkommene Gerechtigkeit ist deshalb kaum zu verwirklichen. Kennzeichen eines gerechten Menschen ist jedoch das ernsthafte und dauerhafte Bemühen um eine möglichst weitgehende Orientierung des eigenen Verhaltens an den vorerwähnten Zielen. Dabei berücksichtigt der Gerechte, dass Menschen unterschiedliche Bedürfnisse haben und eine diese Unterschiede missachtende schematische Gleichbehandlung ungerecht sein kann. Die Tugend der Gerechtigkeit setzt für ihre praktische Verwirklichung eine Reihe weiterer Tugenden, wie z.B. Klugheit und Besonnenheit, voraus. Zur Tugend der Gerechtigkeit gehört auch das Streben nach einer möglichst gerechten Gesellschaftsordnung. Was eine Gesellschaftsordnung gerecht oder ungerecht macht, ist jedoch eine komplexere Thematik, die über die Bestimmung der Wesensmerkmale eines tugendhaften Charakters hinausgeht und deshalb im Zusammenhang mit anderen ethischen Werten im Spezialbereich der Sozialphilosophie zu betrachten ist.

Wohlwollen, Empathie, Solidarität

B-113 - Tugenden dienen dem Lebensglück des Menschen als eines Sozialwesens nur dann, wenn sie neben dem eigenen Wohl auch das des Anderen berücksichtigen. Hierzu ist u.a. die Entwicklung der Fähigkeit wichtig, sich in die Gefühle anderer hineinzuversetzen sowie Mitgefühl und Respekt zu zeigen und zu helfen, wo Hilfe erforderlich ist. Orientierung am Ziel der Gerechtigkeit ohne gleichzeitige Berücksichtigung des Umstands, dass alle Menschen fehlsame Wesen sind und Zuwendung, mitmenschliches Verständnis und Hilfe brauchen, kann zu grausamen und unbarmherzigen Konsequenzen führen.

Besonnenheit

B-114 - Der Besonnene handelt auch in schwierigen und heiklen Situationen nicht impulsiv, sondern mit Vernunft. Er überlegt, bevor er entscheidet, und lässt sich weniger durch seine Emotionen als durch seinen Verstand leiten. Er wägt ruhig ab und neigt nicht zu vorschnellen Schlüssen. So gelingt es ihm leichter, Handlungen zu vermeiden, die er später bereut.

Gelassenheit

B-115 - Gelassenheit betont die Fähigkeit zu innerer Ruhe, und damit die Beherrschung emotionaler Erregungszustände, die vernünftiges Verhalten behindern können. Sie bedeutet nicht, den Dingen einfach ihren Lauf zu lassen, sondern eine sich von den primär gespürten Emotionen lösende innere Sicht auf die Dinge mit dem Ziel, das für die eigene Lebenssituation angemessene Maß in der Einschätzung von Problemen und im persönlichen Verhalten zu finden.

Mäßigung

B-116 - Der Mäßige strebt nicht übertrieben nach Ehre, Lust, materiellen Gütern oder Macht. Er weiß in allem das vernünftige Maß zu halten. Bei manchen Menschen ist Mäßigung allerdings keine Tugend, sondern hat eher mit Ängstlichkeit und einem Ressentiment gegenüber guten Dingen zu tun.

Weisheit

B-117 - Zum einen kennt der Weise die Mittel zu bestimmten guten Zielen, und zum anderen weiß er, was die einzelnen Ziele wert sind. Die Weisheit hat nur mit guten Zielen zu tun und mit dem menschlichen Leben im Allgemeinen, im Unterschied zu bestimmten Künsten. Zur Weisheit gehört nur das Wissen, das jedem normalen Erwachsenen zu Gebote steht. Manche Menschen sind weise, ohne irgendwie klug oder gar unterrichtet zu sein; sie treffen gute Entscheidungen. Der Weise erkennt, dass Dinge wie Status, Reichtum und Ansehen zu sehr auf Kosten von Gesundheit, Freundschaft oder Familie gehen können. Er weiß die für die Erreichung des höchsten ethischen Prinzips erforderlichen Ziele angemessen gegeneinander abzuwägen und sein Verhalten danach einzurichten. Während sich die Weisheit immer als Tugend auswirkt, ist das bei ihrer nahen Verwandten, der Klugheit, nicht immer der Fall, und es ist die Klugheit und nicht die Weisheit, die viele wohlgeplante Lebensläufe motiviert. (Ph. Foot)

Mut und Tapferkeit

B-118 - Mut ist die Fähigkeit, den Affekt übermäßiger Furcht zurückdrängen zu können. Als Tugend wirkt sich Mut aber nicht aus, wenn der Mutige mit seinem Verhalten ethisch bedenkliche Ziele verfolgt. Tapferkeit geht über Mut insofern hinaus, als hier über die Zurückdrängung der Furcht hinaus die Fähigkeit vorhanden ist, trotz möglicher eigener Schäden oder Gefahren und trotz eventuell bereits eingetretener Rückschläge zur Verwirklichung übergeordneter Werte zu handeln. Als Tugend wirkt die Tapferkeit vor allem deshalb, weil sich der Tapfere ernsthaft des Wohls anderer annimmt und dabei Gefährdungen seines eigenen Wohls in Kauf nimmt.

Toleranz

B-119 - Toleranz setzt voraus, dass man feste Überzeugungen hat und trotzdem die anderen respektiert. Sie ist nicht die kontemplative Haltung eines unbeteiligten, gleichgültigen Beobachters, der allem, was war und ist, mit Nachsicht begegnet. Sie ist eine handlungsorientierte Haltung, die im Andersartigen soweit möglich einen Wert zu entdecken und ihm ein Lebensrecht zu gewähren sucht. „Toleranz gründet in der Einsicht, dass kein Mensch schlechthin irrtums- und vorurteilsfrei ist, ferner im Wissen um den Reichtum und die perspektivische Befangenheit jeder konkreten Selbstverwirklichung, besonders aber in der Anerkennung anderer als freie und ebenbürtige Personen, die das

Recht haben, die eigenen Vorstellungen zu äußeren und nach ihnen zu handeln, soweit sie nicht dasselbe Recht anderer beeinträchtigen" (O. Höffe)

Wohltätigkeit und Großzügigkeit

B-120 - Das Wesen von Wohltätigkeit und Großzügigkeit besteht darin, ohne Verpflichtung oder Zwang anderen materielle oder immaterielle Vorteile in einem Umfang zukommen zu lassen, die über das normale oder das üblicherweise zu erwartende Maß hinausgehen. Um eine Tugend handelt es sich hier nur dann, wenn es sich nicht um ein kalkuliert taktisches Verhalten handelt.

Fähigkeit zu Freundschaft und Liebe

B-121 - Die Fähigkeit zu Freundschaft und Liebe bezeichnet die grundsätzliche innere Bereitschaft zu dauerhafter enger persönlicher Verbundenheit mit anderen menschlichen Individuen. Sie ist ein wertvoller ethischer Habitus insofern, als hier nicht bloß die Befriedigung sexuellen Verlangens, erotischer Gefühle oder gemeinsamer geistiger Interessen im Vordergrund steht, sondern die Sorge um das Lebensglück des Anderen neben dem eigenen Wohlergehen. Ethisch wertvoll ist diese Haltung deshalb, weil gelingendes menschliches Leben ohne innere Geborgenheit durch die persönliche Zuneigung und Sorge anderer Menschen kaum vorstellbar ist.

Ethische Handlungsorientierungen

Kants kategorischer Imperativ

B-122 - Kants kategorischer Imperativ ist wesentliches Element jeder überzeugenden Ethik. Er weist auf die Existenz objektiver (d.h. nicht nur Interessen empirischer Subjekte widerspiegelnder) und realer (d.h. von den Interessen einzelner Individuen unabhängiger) normativer Aspekte der Wirklichkeit hin, die in jeder Ethik zu beachten sind.

B-123 - Nur eingeschränkt überzeugend ist allerdings die von Kant vorgenommene strenge Abgrenzung des sog. kategorischen Imperativs (d.h. des Sollens, das sich allein aus der Natur des Menschen als eines endlichen Vernunftwesens herleiten lässt und unbedingt und ohne jede Einschränkung gültig ist) von sog. hypothetischen Imperativen (d.h. von dem Sollen, das sich aus dem Ziel der Verwirklichung von aus der Lebenserfahrung ableitbaren Voraussetzungen für ein gutes, gelingendes eigenes und fremdes menschliches Lebens ergibt). Hypothetische Imperative, die der Verwirklichung des Guten dienen, sind nicht bloß technische, sondern (wie der kategorische Imperativ) ethische Imperative. Der kategorische Imperativ verfolgt letztlich ebenfalls das Ziel, endlichen vernunftbegabten Wesen ein ihrer Natur entsprechendes gelingendes Leben zu ermöglichen.

B-124 - Obwohl nach Kant der kategorische Imperativ „nur ein einziger" ist, verwendet er zur Verdeutlichung seines Inhalts unterschiedliche Formulierungen, die ihren inneren Zusammenhang nicht sofort erkennen lassen. Die zwei praktisch wichtigsten Formulierungen lauten:

„Handle so, dass du die Menschheit, sowohl in deiner Person, als in der Person eines jeden andern, jederzeit zugleich als Zweck, niemals bloß als Mittel brauchest."
(Selbstzweckformel)

„Handle nur nach derjenigen Maxime, durch die du zugleich wollen kannst, dass sie ein allgemeines Gesetz werde." **(Universalgesetzformel)**

B-125 - Bei der **Selbstzweckformel** folgt Kant dem überzeugenden Gedanken, dass der „Mensch, und überhaupt jedes vernünftige Wesen" nicht bloß als Mittel gebraucht werden darf, „weil ihre Natur sie schon als Zwecke an sich selbst" auszeichnet. Insofern ist alle Willkür eingeschränkt und sie sind ein Gegenstand der Achtung. Dies ist nicht bloß ein subjektiver, sondern ein objektiver Zweck, dessen Dasein an sich selbst Zweck ist. Ohne die Beachtung dieses Selbstzwecks vernünftiger Wesen könnte „überall gar nichts von absolutem Wert" und „für die Vernunft überall kein oberstes praktisches Prinzip" angetroffen werden". Damit erklärt er zutreffend die „vernünftige Natur" selbst zum höchsten Zweck und kommt zu der Aussage: „Die vernünftige Natur existiert als Zweck an sich selbst". Die Selbstbestimmung des menschlichen Individuums bildet danach das Zentrum aller Überlegungen zur Sittlichkeit.

B-126 - Auch die **Universalgesetzformel** ergibt sich nach Kant aus der Erkenntnis, dass die Vernunft wesentliches Element der menschlichen Natur ist. Dieses Wesensmerkmal begründet ohne das Erfordernis sonstiger (empirischer) Bedingungen zwingend die Notwendigkeit der (formalen) Allgemeinheit des Gesetzes, dem die Maxime der Handlung des Einzelnen folgen soll.

B-127 - Aus Kants kategorischem Imperativ ergeben sich u.a. folgende wichtige **Handlungsmaximen**:

Handle stets so, dass die Achtung vor dem eigenen Wert jedes Menschen gewahrt bleibt, unabhängig davon, wie seine Taten als solche zu bewerten sein mögen.

Handle stets nach Grundsätzen, die für dich selbst wie für alle anderen gleichermaßen gelten.

Handle stets so, dass kein Mensch ohne rechtfertigenden Grund ungleich behandelt wird.

Handle stets so, dass dein Verhalten in der gegebenen Situation Vorbild sein kann für das Verhalten anderer Menschen in einer wesentlich gleichen Situation.

Teleologisch/konsequentialistische Orientierung (Utilitarismus)

B-128 - Kants kategorischer Imperativ und die moralische Bewertung von Handlungsfolgen sind gleichermaßen auf die Verwirklichung des höchsten ethischen Prinzips eines guten gelingenden Lebens für eine möglichst große Zahl menschlicher Individuen gerichtet. Dabei bildet der kategorische Imperativ sozusagen einen festen Kern ethischer Orientierung, der um eine abwägende Betrachtung der Folgen menschlichen Verhaltens ergänzt wird. Dies bedeutet, dass Folgen einer Handlung, die die Würde einzelner Menschen oder den Grundsatz der Allgemeingültigkeit ethischer Regeln verletzen, stets zu dem Ergebnis führen, dass eine solche Handlung unmoralisch ist.

B-129 - Überzeugender Maßstab für die moralische Bewertung unseres Verhaltens (Tuns und/oder Unterlassens) ist im Übrigen der Gedanke, ob und inwieweit dieses Verhalten sowohl das eigene Wohl als auch das Lebensglück aller sonst von diesem Verhalten Betroffenen vermehrt oder vermindert. Diese an der Nützlichkeit oder Schädlichkeit von Handlungsfolgen orientierte Betrachtung (Utilitarismus, J. Bentham, J. St. Mill, H. Sidgwick) ist als ethischer Maßstab überzeugend, auch wenn seine Konkretisierung im Einzelfall durch vielfältige Probleme theoretischer und praktischer Art erschwert wird. Dieser Maßstab entspricht unserer ethischen Intuition.

Grundsätzliche Schwierigkeiten für die abwägende teleologisch/konsequentialistische Bewertung ergeben sich u.a. daraus,

- dass näher zu bestimmen ist, was überhaupt als Nutzen angesehen werden kann,
- dass Nutzen sowohl materiell als auch immateriell sein kann und nur schwer (wenn überhaupt) zu quantifizieren ist,
- dass Handlungsfolgen insgesamt oder für einzelne Betroffene sehr unterschiedlich wirken können,
- dass mitunter unklar ist, welche von mehreren nützlichen Auswirkungen maximiert bzw. welche schädlichen Folgen minimiert werden sollten und ob eine Orientierung an Nutzensummen, Durchschnittsnutzen oder ähnlichen mathematischen Nutzenbetrachtungen im Einzelfall überhaupt Sinn macht,
- dass der Handelnde häufig nicht alle Folgen seines Verhaltens voraussehen kann.

B-130 - All diese Schwierigkeiten sprechen jedoch nicht gegen das Erfordernis abwägender teleologisch/konsequentialistischer ethischer Bewertung von Handlungen. Sie verweisen lediglich darauf, dass bei der moralischen Bewertung einzelner Handlungen (ebenso wie bei der Konkretisierung ethischer Werte) letztlich die ethische Motivation des Individuums, sein grundsätzlicher (tugendhafter) Habitus sowie seine Vernunft wichtige Elemente moralischer Entscheidung sind. Angesichts der Unsicherheit bei der Ermittlung und Bewertung von Handlungsfolgen bleibt häufig statt einer Einzelbetrachtung aller einzelnen Handlungsfolgen nur die Möglichkeit einer Orientierung an Verhaltensregeln, die sich in der Erfahrung als grundsätzlich moralisch gut erwiesen haben. Was im konkreten Fall moralisch erlaubt oder geboten ist, lässt sich nicht immer zwingend aus ethischen Prinzipien ableiten, auch wenn diese universal gelten. Die ethisch richtige

Entscheidung im Einzelfall zu finden, bleibt permanente Aufgabe des Einzelnen und der Gemeinschaft. Sie ist wesentliches Element menschlicher Selbstbestimmung und Freiheit.

Zukunftsethik

Neue ethische Herausforderungen

B-131 - Aus der rasanten und vom Einzelmenschen nicht mehr zu überblickenden eigendynamischen Entwicklung von Wissenschaft und Technik ergeben sich grundsätzlich neue ethische Herausforderungen und Probleme, die mit den gedanklichen Ansätzen der traditionellen Ethik (die weiterhin gültig bleiben) nicht erfasst werden können. Während die traditionelle Ethik stillschweigend davon ausging, dass der menschliche Zustand in seinem Verhältnis zur Natur in den Grundzügen feststeht, dass sich das menschlich Gute auf dieser Grundlage unschwer und einsichtig bestimmen lässt und daher die Reichweite des menschlichen Handelns und der menschlichen Verantwortung vom Einzelnen in Zeit und Raum grundsätzlich überschaubar ist, gilt dies unter den heutigen Bedingungen des galoppierenden wissenschaftlichen und technischen Fortschritts nur noch erheblich eingeschränkt. (Hans Jonas: Das Prinzip Verantwortung, 1979) Der Mensch sieht sich nicht mehr einer den menschlichen Eingriffsmöglichkeiten weitgehend entzogenen Natur gegenüber, sondern muss feststellen, dass durch kollektives menschliches Verhalten die Natur fortlaufend (zum Positiven oder Negativen) verändert wird, wobei (für den Einzelnen oder überhaupt) sehr schwer vorauszusagen ist, zu welchen positiven oder negativen Folgen für die menschlichen Lebensbedingungen und die Natur die Eigendynamik der technologischen Entwicklung langfristig führen kann. Von besonderer Bedeutung ist dabei, dass neue biologische und medizintechnische Erkenntnisse und Verfahren sogar dazu führen können, Kernelemente der menschlichen

Persönlichkeit (z. B. Entscheidungsfreiheit, Eigenverantwortlichkeit) und das Wesen der familiären und sonstigen Beziehungen zwischen den Menschen grundlegend zu verändern. Aus dieser Entwicklung ergibt sich nicht nur die Gefahr einer Vernichtung der Spezies Mensch durch äußere Katastrophen (Atomwaffeneinsatz, Klimakatastrophen etc.), sondern auch die Möglichkeit einer schrittweisen Beseitigung dessen, was nach herkömmlicher Ansicht das Wesen des Menschen ausmacht.

Neue ethische Rahmenbedingungen

B-132 - Mit dem Wachsen der kritischen Verletzlichkeit der Natur durch die technische Intervention des Menschen entstehen neue ethische Rahmenbedingungen. Die Abhängigkeit des zukünftigen Schicksals der Menschheit vom Zustand der vom Menschen veränderten Natur erhält dadurch erhöhte Bedeutung.

Das kumulative Verhalten der Menschen erhält zunehmendes moralisches Gewicht. Einzelmenschliches Verhalten mag für sich genommen in seinen künftigen Konsequenzen für die Natur und die Lebensbedingungen des Menschen unbedeutend sein. Dies gilt jedoch nicht für das Verhalten einer größeren Zahl von Menschen und die fortschreitende Kumulation technologischer Entwicklungen. Die „kumulative Selbstfortpflanzung technologischer Veränderung der Welt überholt fortwährend die Bedingungen jedes ihrer beitragenden Akte und verläuft durch lauter präzedenzlose Situationen, für die die Lehren der Erfahrung ohnmächtig sind." (H. Jonas)

Angesichts dieser Entwicklung „wird Wissen zu einer vordringlichen Pflicht über alles hinaus, was vorher für seine Rolle in Anspruch genommen wurde, und das Wissen muss dem kausalen Ausmaß unseres Handelns größengleich sein. Die Tatsache aber, dass es ihm nicht wirklich größengleich sein kann, das heißt, dass das vorhersagende Wissen hinter dem technischen Wissen, das unserem Handeln die Macht gibt, zurückbleibt, nimmt selbst ethische Bedeutung an. Die Kluft zwischen Kraft des Vorherwissens und Macht des Tuns erzeugt ein neues ethisches Problem. Anerkennung der Unwissenheit wird dann die Kehrseite der Pflicht des Wissens und damit ein Teil der Ethik, welche die immer nötiger werdende Selbstbeaufsichtigung unserer übermäßigen Macht unterrichten muss." (H. Jonas)

Neue moralische Imperative

B-133 - In Erweiterung der herkömmlichen Ethik, insbesondere des kategorischen Imperativs Kants, formuliert Hans Jonas folgende überzeugenden moralischen Imperative, die den technologiebedingten Änderungen ethischer Rahmenbedingungen Rechnung tragen:

„Handle so, dass die Wirkungen deiner Handlungen verträglich sind mit der Permanenz echten menschlichen Lebens auf Erden."

„Handle so, dass die Wirkungen deiner Handlung nicht zerstörerisch sind für die künftige Möglichkeit echten menschlichen Lebens auf Erden."

„Gefährde nicht die Bedingungen für den indefiniten Fortbestand der Menschheit auf Erden."

„Schließe in deine gegenwärtige Wahl die zukünftige Integrität des Menschen als Mit-Gegenstand deines Wollens ein."

Pflicht zur Erhaltung echten menschlichen Lebens

B-134 - Grund für die Anerkennung einer ethischen Pflicht zu Erhaltung echten menschlichen Lebens ist der Umstand, dass wir dem Vorhandensein vernunftbegabter Lebewesen als solchem einen ehrfurchtgebietenden Wert zuerkennen müssen, wenn nicht die Grundlage jeglicher Ethik in Frage gestellt werden soll. Diesem Gedanken liegen ähnliche Überlegungen zugrunde wie der sog. Selbstzweckformel von Kants kategorischem Imperativ: „Handle so, dass du die Menschheit, sowohl in deiner Person, als in der Person eines jeden andern, jederzeit zugleich als Zweck, niemals bloß als Mittel brauchest." Anders als die sog. Universalgesetzformel des kategorischen Imperativs („Handle nur nach derjenigen Maxime, durch die du zugleich wollen kannst, dass sie ein allgemeines Gesetz werde.") hat der Imperativ in der Gestalt der Selbstzweckformel nicht bloß formalen, logischen Charakter, sondern beruht auf der Überzeugung vom besonderen Eigenwert jedes einzelnen vernunftbegabten Lebewesens. Dies impliziert zugleich die Anerkennung des besonderen Wertes der Existenz vernunftbegabter Lebewesen überhaupt, d.h. von Lebewesen, denen wir die dem Menschen im Vergleich zu Tier und Pflanzen wesentlichen Eigenschaften wie insbesondere Entscheidungsfreiheit zwischen Gut und Böse und Eigenverantwortlichkeit (und damit die dem Menschen zukommende Würde) zuerkennen. Entgegen der Auffassung von H. Jonas wird hier nicht vom „Sein" auf ein „Sollen" geschlossen, sondern auf eine im menschlichen Denken und Handeln (auch ohne Bezugnahme auf gleichgerichtete religiöse Überzeugungen) zutiefst verankerte ethische Überzeugung vom Eigenwert menschlichen (oder schlechthin vernunftbegabten, ggf. auch außerirdischen) Lebens.

Eingeschränkte ethische Pflichten gegenüber der Natur

B-135 - Aus philosophischem (nicht religiösem) Blickwinkel erscheint die Natur primär in ihrer Rolle als Grundlage gelingenden menschlichen Lebens. Ethische Bedeutung gewinnt dabei das menschliche Verhalten zur Natur nur mittelbar insoweit, als es diesem Ziel nutzt oder schadet. Dieser anthropozentrische Blick auf die Tier- und Pflanzenwelt steht jedoch nicht im Gegensatz dazu, den mit Bewusstsein und Empfindungsfähigkeit ausgestatteten tierischen Lebewesen eine ihren spezifischen Eigenschaften entsprechende eigene Würde zuzuerkennen. Ebenso wie bei der Anerkennung der Menschenwürde handelt es sich hierbei um eine in menschlichen

97

Grundüberzeugungen verankerte Anerkennung des Eigenwertes tierischer Lebewesen, die es jedenfalls verbietet, ihnen ohne wichtigen Grund Schmerzen zuzufügen oder ihre Spezies zu vernichten. In Lebewesen vorhandenes Bewusstsein und existente Empfindungsfähigkeit sind, auch ohne Verbindung mit menschlicher Vernunft und Selbstbewusstsein, als Vorstufen der Entwicklung zum Menschen für sich genommen grundsätzlich wertvoll.

Was ist die Welt?
Ontologie

Die Welt als „alle Gegenstände des Seienden"

B-136 - Die Welt ist alles was es gibt, was existiert. Unter „Existenz" bzw. „Dasein" verstehe ich die Tatsache, „dass etwas wirklich vorhanden ist", im Gegensatz zur Wesensbestimmung („was es ist") und im Gegensatz zur bloßen Möglichkeit des Vorhandenseins.

Gegenstände als Dinge und Tatsachen

B-137 - „Gegenstände" des Seienden sind Dinge und Tatsachen (alles, für das wir „etwas" sagen können). „Ding" ist ein abgrenzbarer Bereich des Seienden, der bestimmte „Eigenschaften" hat, die in ihrer Gesamtheit das Ding ausmachen. „Tatsache" (Fakt) ist ein wirklich gegebener Sachverhalt. Als „wirklich gegeben" können wir einen Sachverhalt ansehen, wenn wir rechtfertigende Gründe für die Annahme haben, dass die ihn repräsentierende Aussage wahr ist. Wann die Voraussetzungen für eine solche wahre Aussage gegeben sind, gehört zur Erkenntnistheorie, die sich - über die allgemeine Frage, woraus die Welt besteht, hinaus - mit der spezielleren Frage beschäftigt, was wir wissen können.

Materielle und immaterielle Gegenstände

B-138 - Zur Wirklichkeit (= Realität) gehören nicht nur die Dinge und Tatsachen, die grundsätzlich Gegenstand naturwissenschaftlicher Untersuchungen sein können (= Universum), sondern auch alle sonstigen Dinge und Tatsachen (z.B. auch geistige und soziale Phänomene) unabhängig davon, ob sie wissenschaftlich untersucht werden können.

Soweit unter „Welt" nur „Universum" verstanden wird, liegt dem ein nicht überzeugendes metaphysisches Vorverständnis zugrunde, bei dem die Zusammensetzung der Welt und das Weltgeschehen lediglich als materialistisch und naturgesetzlich erklärbares Gesamtphänomen begriffen wird.

Keine „quasi genetische" Relation
zwischen Seinsbereich und Gegenstand

B-139 - Dinge und Tatsachen sind unabhängig vom erkennenden oder verstehenden menschlichen Zugriff auf die Realität einfach da. Es ist nicht richtig, zu sagen, etwas existiere (= komme vor; sei vorhanden), *weil* es in einem Seins- bzw. Gegenstandsbereich (oder ontologischen Sinnfeld) erscheint. Insofern folge ich M. Gabriels Überlegungen in *Warum es die Welt nicht gibt* nicht. Zwar ist es richtig, dass wir darüber, ob etwas existiert, nur sinnvoll sprechen können, wenn wir zugleich einen Bereich benennen, zu dem dieses Etwas gehört. Dies bedeutet aber nicht, dass Dinge oder Tatsachen erst durch die Zuordnung zu Seinsbereichen existent werden, d.h. entstehen (= These der „quasi genetischen" Relation zwischen Seinsbereich und Gegenstand).

B-140 - Die Zuordnung zu bestimmten Bereichen des Seienden ist (obwohl sie auch Ergebnis menschlicher Phantasie und fabilen menschlichen Denkens sein kann) in vielen Fällen von einer vorgegebenen Struktur des Seienden zumindest mitbestimmt. Wir registrieren die Phänomene, die wir erkennen. Der dabei von uns gemachten Einteilung in Bereiche liegt grundsätzlich (wenn auch nicht immer) der (mitunter fehlschlagende) Versuch zugrunde, die den Dingen und Tatsachen immanente Struktur zu erfassen.

Unmöglichkeit wahrheitsfähiger Aussagen
über die Totalität alles Seienden

B-141 - Die Welt in ihrer Gesamtheit als „alles, was es gibt" existiert unabhängig davon, dass sie menschlicher Erkenntnis nicht zugänglich ist. Darüberhinausgehende wahrheitsfähige Aussagen über die Welt in ihrer Gesamtheit, als Totalität alles Seienden, sind unmöglich.

B-142 - Die These, dass die Welt (d.h. die Totalität alles dessen, was es gibt) nicht existiere, weil es für sie kein Sinnfeld gebe, in dem sie vorkomme (= Keine-Welt-Anschauung, M. Gabriel), ist nicht überzeugend. Gabriel begibt sich hier in eine sprachlogische Pseudo-Zwangsjacke: Voraussetzung der Existenz jeden Gegenstandes sei das Erscheinen in einem Sinnfeld; dies müsse auch für „die Welt" als die Totalität von allem, was es gibt, gelten; da es aber kein Sinnfeld aller Sinnfelder geben könne, könne es „die Welt" nicht geben. - Diese Argumentation führt zu unverständlichen Konsequenzen. Warum soll alles, was es gibt, existieren, und nur der (für das menschliche Denken nicht erfassbare) Gesamtbereich, in dem all dies der Fall ist, (= „die Welt") nicht als existierend denkbar sein? Mit der Aussage, dass es die Welt gibt, ist doch keineswegs die Annahme verbunden, dass es grundsätzlich denkbar wäre, jemals eine „Weltformel" zu finden, die alles was es gibt, in seiner Genese und in seinen Zusammenhängen erklären könnte.

B-143 - Auch ohne Annahme eines (abzulehnenden) „quasi genetischen" Zusammenhangs zwischen Sinnfeld (= Seinsbereich) und Gegenstand (= Ding und Tatsache im Seinsbereich) sind folgende Thesen gut begründet:

(1) Es gibt eine unendliche Vielfalt von Seinsbereichen (= ontologischen Sinnfeldern).

(2) Es ist unmöglich, wahrheitsfähige Aussagen über die Totalität alles Seienden zu machen.

Ein Argument für die Richtigkeit beider Thesen ist die Überlegung, dass sich keine endliche Zahl von Seinsbereichen bestimmen lässt. Hierfür spricht die Erfahrung, dass es laufend unermessliche Mengen von neuen Dingen und Tatsachen gibt, die aus verschiedenen Perspektiven betrachtet werden können und in sehr verschiedene Seinsbereiche gehören, die ihrerseits wiederum als Gegenstände anderer (oft auch gestufter) Seinsbereiche angesehen werden können. Die Totalität alles dessen, was es gibt, ist ständigen Veränderungen unterworfen. Schon deswegen (und nicht nur wegen der Begrenztheit menschlicher Erkenntnisfähigkeit) lassen sich hierüber keine intersubjektiv überprüfbaren Aussagen machen. Ein Argument für die zweite These ist auch die Tatsache, dass Aussagen über die Beschaffenheit der Welt nur aus der Innenweltperspektive gemacht werden können, da der Aussagende stets selbst Teil der Welt ist. Eine Sicht auf die Welt von außen (von Nirgendwo) gibt es nicht.

Universalien sind ontologische Strukturen

B-144 - Unabhängig davon, ob Menschen dies im Einzelnen erkennen können, besteht die Welt u.a. sowohl aus konkreten und abstrakten „Einzeldingen" als auch aus konkreten und abstrakten „Universalien". Diese Unterscheidung gehört zu der Struktur der Wirklichkeit, des Seienden. „Einzeldinge" sind nicht-wiederholbare Gegenstände, die zu einer bestimmten Zeit eine bestimmte Raumposition einnehmen können. „Universalien" sind wiederholbare Entitäten (d.h. Gegenstände im allgemeinsten Sinne). Der Unterscheidung liegen folgende logische Differenzierungen zugrunde:

Einzelding
(= nicht wiederholbarer Gegenstand
mit bestimmter Raum-Zeit-Position)
konkret (wahrnehmbar)   z.B. der Baum, auf den ich schaue
abstrakt (nur denkbar)   z.B. die BRD als Staat (1949-1990)

Universalie
(= gemeinsame Eigenschaften verschiedener Einzeldinge,
ohne bestimmte Raum-Zeit-Position)
konkret (wahrnehmbar)   z.B. ein beliebiger Hund, den ich sehen kann oder den andere sehen können bzw. früher sehen konnten
abstrakt (nur denkbar)   z.B. das, was wir meinen, wenn wir allgemein über Sympathie sprechen

B-145 - Das sog. Universalienproblem, d.h. die Frage, ob Gattungsbegriffe (z.B. Hund, Oper, Freund, Feind, Vater, Mutter) tatsächlich existierende Strukturmerkmale der Wirklichkeit sind oder bloße Erfindungen des menschlichen Denkens, löst sich auf, wenn man die ontologische Struktur des Seienden, die unabhängig von menschlicher Erkenntnis vorhanden ist und zu der die menschliche Vernunft a priori (ohne Rückgriff auf Erfahrungen) nur allgemeinste Strukturaussagen treffen kann, gedanklich von den Aussagen trennt, die Menschen über die nähere Beschaffenheit des Seienden machen. Diese Sichtweise verbindet ontologischen Realismus mit der zutreffenden Überlegung, dass alle menschlichen Aussagen über die Realität eben irrtumsanfällige menschliche Aussagen sind.

B-146 - Menschliche Aussagen über die Struktur der Wirklichkeit sind von der ontologischen Struktur des Seienden zu unterscheiden. Sie sind etwas grundsätzlich Anderes als die ontologische Struktur als solche. Ob ihr Inhalt die ontologische Wirklichkeit erfasst oder lediglich ein menschliches Hirngespinst darstellt, hängt davon ab, ob sie wahr sind. Wichtig ist dabei zunächst, ob die Aussagen ihrer Struktur nach überhaupt grundsätzlich wahrheitsfähig sind. Nur dann können solche Aussagen im philosophischen Sinne wahr oder falsch sein. Wenn sie wahr sind, repräsentiert ihr Inhalt eine ontologische Tatsache, anderenfalls sind sie lediglich ein Irrtum, eine gedankliche Konstruktion, eine Illusion, eine Halluzination oder Ähnliches. Die Wahrheitsfähigkeit im philosophischen Sinne fehlt Aussagen, die sich ihrer Struktur nach nicht vernünftig begründen lassen. Dazu gehören Aussagen über die Beschaffenheit der Wirklichkeit, die sich weder auf die Vernunft noch auf die Erfahrung stützen können. Nicht wahrheitsfähig in diesem Sinne ist z.B. die platonische Ideenlehre, d.h. die Vorstellung, allen existierenden Gegenständen lägen immaterielle „Ideen" zugrunde. Denn hierbei handelt es sich um eine bloße Glaubensüberzeugung. Wahrheitsfähig sind demgegenüber Aussagen, die (entsprechend der aristotelisch-wissenschaftlichen Methode) von den erfahrbaren Einzelgegenständen des Seienden ausgehen und so zu prinzipiell widerlegbaren Hypothesen über die Beschaffenheit der Wirklichkeit kommen. Wer die grundsätzliche Möglichkeit von wahrheitsfähigen Aussagen über die Wirklichkeit ablehnt und jegliche Aussage über die Welt als bloße konstruktive menschliche Illusion betrachtet (radikaler Konstruktivismus) begibt sich jeder Grundlage rationaler Argumentation, weil er in dem Selbstwiderspruch landet, selbst seine eigene Auffassung als bloße Illusion betrachten zu müssen.

B-147 - Kraft seiner Vernunft ist der Mensch in der Lage, die Wirklichkeit aus den unterschiedlichsten Perspektiven zu betrachten und zu analysieren. Dabei kann er in der Wirklichkeit des materiellen sowie

immateriellen Seienden immer wieder neue Strukturen, Zusammenhänge, Unterschiede, Verallgemeinerungsmöglichkeiten usw. aufspü-
ren. Sein Denkvermögen, seine Kreativität und sein Erfindergeist er-
öffnen die Möglichkeit, immer neue Sinnzusammenhänge im Dasein
zu erkennen und damit die Existenz von Dingen und Tatsachen in unendlich vielen Gegenstandsbereichen oder Sinnfeldern zu erfassen
(oder irrigerweise nur anzunehmen).

Sinnfeldabhängigkeit der Strukturen des Seienden

B-148 - Die Strukturen der Wirklichkeit erschließen sich uns aus unterschiedlichen Perspektiven und wir verstehen sie aus dem Sinn, der
innerhalb des jeweils betrachteten Gegenstandsbereichs bzw. Sinn-
felds herrscht. Sinn ist dabei nicht nur „die Art, wie ein Gegenstand
erscheint" (M. Gabriel), sondern ebenso die Bedeutung, Funktion,
Stellung usw. des Gegenstands im Kontext der Betrachtungsperspek-
tive. Dies wird an der Überlegung deutlich, dass wir z.B. eine Statue
in den Sinnfeldern „Kunstobjekt", „Ergebnis handwerklicher Arbeit",
„Materialbeschaffenheit", „gesundheitliche Unbedenklichkeit" etc.
betrachten können und dabei jeweils unterschiedliche Gegenstände
wahrnehmen, weil wir auf unterschiedliche Eigenschaften und Sinnzusammenhänge achten. Die Zahl der Perspektiven, aus denen die
Wirklichkeit betrachtet werden kann, ist grundsätzlich unendlich.
Grenzen für die Erkennbarkeit ontologischer Strukturen ergeben sich
dabei allerdings aus unserer limitierten Wahrnehmungsfähigkeit und
aus den Strukturen unseres Denkvermögens. Wir nehmen die Wirklichkeit nur soweit wahr, wie wir dies können. Dabei sind wir selbst
Teil der Wirklichkeit und können schon deshalb nicht quasi „von außen" auf sie schauen. Ein „Ding an sich" (in allen seinen Eigenschaften) ist für uns prinzipiell unerkennbar.

Substanz, (Real-)Kategorie, Modalität und Sinnfeld

B-149 - Die Frage, welche Eigenschaften das Wesen eines Gegenstands bestimmen und deshalb seine Substanz ausmachen oder bloß unwesentlich sind (Akzidens), kann nur in Abhängigkeit von der jeweiligen Perspektive (dem Sinnfeld) aus beantwortet werden. Dies gilt gleichermaßen für die Möglichkeit, die Mannigfaltigkeit der in einem Sinnfeld erscheinenden Gegenstände in bestimmte (Real-)Kategorien zu unterteilen. Ob etwas in der Wirklichkeit als notwendig oder nur möglich (= kontingent) anzusehen ist, hängt ebenfalls von dem Sinnfeld ab, in dem es erscheint. Zu all diesen Punkten lassen sich deshalb aus der verallgemeinernden Perspektive der Philosophie kaum sinnvollen Aussagen machen. Dies ist Aufgabe der Einzelwissenschaften, die die Wirklichkeit aus spezifischen Perspektiven in näher bestimmten Sinnfeldern betrachten. Es ist aber auch Bestandteil unseres alltäglichen lebensweltlichen Diskurses, bei dem wir stets angeben müssen, innerhalb welchen Sinnfeldes wir uns mit unseren Aussagen über die Wirklichkeit bewegen, wenn unsere Rede nicht als unsinnig wahrgenommen werden soll.

Naturgesetze sind keine Regelmäßigkeiten

B-150 - Es ist trügerisch anzunehmen, die Wirklichkeit werde durch Naturgesetze bestimmt, die als Regelmäßigkeiten des Auftretens gleicher Ereignisse zu verstehen wären. Denn die Wirklichkeit wird nicht von wissenschaftlich erforschbaren natürlichen Regelmäßigkeiten bestimmt. Dies zeigt im Bereich der Naturwissenschaften bereits der Umstand, dass in Experimenten Regelmäßigkeiten nur unter strengen einschränkenden Bedingungen festgestellt werden können. Das Blatt eines Baumes fällt im experimentellen Vakuum anders herab als im natürlichen Herbstwald. „Weil der Regelmäßigkeits-Ansatz … auf die Anwendbarkeit von Gesetzen in experimentellen Situationen beschränkt ist, kann er nichts über Situationen außerhalb solcher experimenteller Bedingungen aussagen." (A.F. Chalmers) Überzeugender ist eine Sichtweise, die Naturgesetze als Eigenschaften (Kapazität, Disposition, Tendenz oder Potenzial) der die Welt ausmachenden Dinge und Tatsachen und der zwischen ihnen bestehenden Wirkungszusammenhänge ansieht. Das Geschehen der Welt wird durch diese Eigenschaften der unbelebten wie der belebten Natur bestimmt, wobei der menschliche Einfluss auf das Geschehen nur ein Teil der (nicht stets durch Kausalgesetze zu erklärenden) dynamischen Interdependenzen ist.

Was ist menschlicher und objektiver Geist?
Philosophie des Geistes

Begriffsklärung

B-151 - Die Begriffe „Geist", „mental" oder „Mentales" verstehe ich als Sammelbegriffe für Phänomene wie Denken, Fühlen, Wahrnehmen, Seele, Bewusstsein, Verstand, Rationalität, Intelligenz, Vernunft, Selbstbewusstsein, Ich-Empfinden. Nicht nur Menschen, sondern auch andere Lebewesen können mentale Fähigkeiten und Zustände haben. „Funktionen oder Erzeugnisse des Geistes" sind nur zum Teil oder gar nicht naturwissenschaftlich erforschbare Ergebnisse mentaler Vorgänge, die oft auch vom jeweiligen Individuum abgelöst werden können und für andere Individuen in sich verstehbar sind. „Leib" des Menschen ist die Weise, wie der Mensch sich seiner Körperlichkeit aus der Innenperspektive bewusst wird. Der „Körper" ist bei Menschen wie bei anderen Lebewesen die biologisch erklärbare physische Basis seiner mentalen Eigenschaften aus der Außenperspektive.

Gegen naturalistische Philosophie des Geistes

B-152 - Die heute in der philosophischen Diskussion verbreitete These, mentale Phänomene seien lediglich neurobiologisch zu erklärende materielle Vorgänge in den Gehirnen von Lebewesen, ist falsch. Diese Auffassung basiert auf der unzutreffenden metaphysischen Annahme, die gesamte Wirklichkeit bestehe ausschließlich aus Gegenständen, die mit den Methoden der Naturwissenschaften untersucht werden können. Die Welt, als „alles was es gibt", wird dabei ohne überzeugenden Grund auf das naturwissenschaftlicher Erklärung zugängliche „Universum" eingeengt, obwohl die Welt offensichtlich aus einer unendlichen Vielzahl von Gegenständen (Dingen und Tatsachen) besteht, die sich einer solchen naturwissenschaftlichen Erklärbarkeit prinzipiell entziehen (z.B. die Mathematik, Gefühle, Liebe, Freundschaft, Musikempfinden, Literatur, Bundesland Nordrhein-Westfalen, Bundesrepublik Deutschland). Der Umstand, dass sich die (mentale) These, „alles" sei naturwissenschaftlich abschließend erklärbar, selbst nicht mit naturwissenschaftlichen Methoden beweisen lässt, zeigt den illusionären Charakter dieser Auffassung.

Abhängigkeit des Mentalen von Neurobiologie

B-153 - Die Ablehnung des Versuchs einer ausschließlich naturwissenschaftlichen Erklärung geistiger Phänomene ändert nichts an der zutreffenden Erkenntnis, dass das Vorhandensein und das Funktionieren hochentwickelter Gehirne notwendige Voraussetzung für geistige Vorgänge sind. Ohne Gehirne könnten wir nicht denken. Die mentalen Funktionen des Gehirns sind auf Informationen aus anderen Körperteilen angewiesen. Deshalb wirkt sich die Beschaffenheit unseres gesamten Körpers (nicht nur des Gehirns) auf unsere psychische und körperliche Gesundheit aus. Deshalb ist die neurologische Forschung (ebenso wie die sonstige medizinisch-biologische Forschung) sehr wichtig und dient der Verbesserung unserer Selbsterkenntnis. Ihre Ergebnisse bieten jedoch keine hinreichende Erklärung für alle als mental einzuordnenden Phänomene.

Ablehnung eines Leib-Seele-Dualismus

B-154 - Lebewesen mit mentalen Eigenschaften bilden eine physisch-mentale Einheit. Der Umstand, dass physische und mentale Vorgänge ihrem Wesen nach verschieden sind, liefert keinen überzeugenden Grund dafür, Lebewesen so zu betrachten, als sei ihr Organismus in einen physischen und einen mentalen Teil aufgespalten oder auch nur trennbar. Für die Annahme Descartes', der Mensch bestehe aus zwei Arten von Substanzen („Seele" als „denkende Substanz" und „Körper" als „ausgedehnte Substanz") gibt es keine philosophisch einleuchtende Rechtfertigung. Dieser Dualismus entstammt dem metaphysischen Bild einer vom Körper ablösbaren unsterblichen Seele, das sich u.a. in der christlichen Glaubensvorstellung entwickelt und bis heute erhalten hat. Es liegt im Bereich intersubjektiv nicht überzeugend begründbarer (transzendenter) Glaubensüberzeugungen.

Bewusstsein, Intentionalität, Rationalität, Verstand, Qualia

B-155 - Bewusstsein zeigt sich bei Lebewesen in unterschiedlichen Entwicklungsstufen und lässt sich aus verschiedenen Perspektiven betrachten. Als Bewusstsein wird bereits angesehen, wenn Lebewesen sich im Zustand des Wachseins befinden, dazu in der Lage sind, Reize aufzunehmen und auf diese zu reagieren. Dies trifft schon auf Pflanzen und einfache tierischen Lebewesen zu, die z.B. auf Lichteinfall oder andere Reize reflexartig reagieren. Überzeugender ist es, erst dann von Bewusstsein zu sprechen, wenn Lebewesen Objekte und Zusammenhänge wahrnehmen, verstehen und darauf sinnvoll reagieren können. Sie haben dann Bewusstsein „von etwas". Ihr Bewusstsein ist auf bestimmte Gegenstände (Dinge und Tatsachen) gerichtet (d.h. es ist „intentional"). Sie haben in gewissem Umfang „Intelligenz", „Rationalität" und insofern „Verstand". Es ist davon auszugehen, dass Lebewesen mit Bewusstsein auch bewusst erlebte geistige Zustände (sog. Qualia, z.B. Sehen von Farben, Schmerzen, Furcht und sonstige Gefühle) haben. Ob Bewusstsein in diesem Sinne bei Lebewesen vorliegt, können wir aus der Außenperspektive nur anhand ihres Verhaltens schließen. Eine Sicht auf die zum Bewusstsein gehörenden mentalen Zustände aus der Innenperspektive (phänomenale Bewusstseinselemente) ist uns nur jeweils bei uns selbst möglich. Bei anderen Menschen können wir darüber, wie sie die Vorgänge in ihrem

Bewusstsein aus der Innenperspektive (der Perspektive der 1. Person) erleben, nur etwas über ihre Mitteilungen erfahren.

Selbstbewusstsein, Reflexive Vernunft, Ich, Selbst

B-156 - Menschen besitzen über das auch z.T. bei Tieren vorhandene Bewusstsein hinaus ein „begrifflich strukturiertes und reflexiv verfasstes Selbstbewusstsein von sich als identischer Person mit bestimmten Überzeugungen". Dieses unterscheidet sich von den beim einfachen Bewusstsein festzustellenden bewusst erlebten geistigen Zustände insofern, „als es über die inhaltliche Bestimmung des Subjekts als eines bloßen Trägers mentaler Zustände hinausgeht" (T. Metzinger, R. Schumacher). Selbstbewusstsein ist das Nachdenken über das eigene Bewusstsein. Dies ist keine primär theoretische Angelegenheit, bei der wir uns ausdrücklich mit unserem Bewusstsein beschäftigen, sondern auch der alltägliche Vorgang, bei dem wir andauernd die Gedanken und Eindrücke, die wir bewusst erleben, bewerten. Dabei wirken in uns stets die mit der Außenperspektive verbundenen intentionalen (rationalen) Bewusstseinselemente mit unseren nur aus der Innenperspektive erfahrbaren subjektiven (phänomenalen) Bewusstseinselementen zusammmen. Dies erklärt, warum unsere moralischen Werte an unsere Gefühlswelt gekoppelt sind (M. Gabriel).

B-157 - Die Fähigkeit des Menschen, über sein eigenes Bewusstsein nachzudenken, führt ihn in die Lage, sich aus der Innen- und der Außerperspektive selbst bewusst zu werden, sich als „Ich" einem „Selbst" gegenüber zu sehen, sein eigenes Verhalten vor einer inneren Instanz selbst zu bewerten und ein Bild von sich selbst zu entwickeln. Wer oder was in uns letztlich Träger unserer Gedanken ist, lässt sich nicht vollständig erklären, weil sich das Nachdenken über den Zusammenhang von Selbstbewusstsein und Bewusstsein um sich selbst dreht. Die Wahrnehmung dieses Zirkelproblems ist jedoch ein Beleg dafür, dass das Selbstbewusstsein überhaupt existiert (I. Kant, M. Gabriel).

B-158 - Unser Selbstbild wird außer durch unsere im Laufe der Evolution entstandenen neurobiologischen Eigenschaften von unserer physischen und sozialen Umwelt sowie von den in ihr wirkenden zivilisatorischen, kulturellen und sonstigen geistigen Traditionen mitbestimmt. Im Zuge der permanenten Reflexion des Menschen über sich selbst und seine Lebensbedingungen verändern sich sowohl die Selbstbilder einzelner menschlicher Individuen als auch die hierzu in einer menschlichen Gemeinschaft vorherrschenden Vorstellungen. Dies erklärt, dass es hinsichtlich des Menschenbildes und seiner Stellung in der Welt eine Entwicklungsgeschichte des Geistes gibt.

Personaler, objektiver und objektivierter Geist

B-159 - Der „Geist" (das „Mentale") ist im Denken und Handeln menschlicher Individuen vorhanden und aus der Innen- und der Außenperspektive erkennbar. Soweit er sich von einzelnen Individuen losgelöst betrachten lässt, ist er „objektiv". „Objektiver Geist" ist „der individuelle Gemeingeist, der sich in den geschichtlichen Gestaltungen des Rechts, der Sitte, der Sprache, des politischen Lebens, des Glaubens, der Moral, des Wissens und der Kunst fassen lässt. Vermittelt wird er in den individuellen Geistern, die er jedoch seinerseits selbst prägt. Er wird tradiert, hat selbst kein Bewusstsein und ist demgemäß nicht als eine personale Instanz definierbar. Insofern er der Wandlung unterworfen ist, ist er lebendiger Geist." (N. Hartmann, S. Blasche) „Geist ist außen, bricht aber innen durch" (W. Hogrebe). Der objektive Geist ist zwar eine ontologische Tatsache. Dies bedeutet jedoch nicht, dass sein Inhalt wahr ist. Der Geist kann sich irren. Deshalb ist er auch nicht zwingend normativer Orientierungsrahmen des „personalen Geistes". N. Hartmann unterscheidet zutreffend vom

„objektiven" den „objektivierten" (= gegenständlich gewordenen) Geist, der als unlebendige Gestalt dem Wandel enthoben ist und u.a. in Werken des Schrifttums und der Kunst in Erscheinung tritt.

B-160 - Objektiver Geist ist auch die nicht als Ergebnis menschlichen Denkens erklärbare Ordnung des Daseins, die der Mensch lediglich vorfindet, die ihn selbst als vernunftbegabtes Lebewesen hervorgebracht hat und die sein Lebensumfeld und ihn selbst, seine Physis und Psyche, wesentlich bestimmt. Eine Antwort auf die Frage nach der Herkunft dieses vom Menschen unabhängigen und ihm nur in sehr geringem Umfang erkennbaren objektiven Geistes ist menschlicher Vernunft nicht möglich. Hier beginnt das Feld metaphysischer Spekulationen über einen „absoluten Geist" (G.W.F. Hegel) als Urheber der Weltordnung oder der Glaube an einen Gott oder mehrere Götter als Erschaffer der Welt. Auch wenn sich innerhalb dieses Bereichs letzter Fragen aus menschlicher Vernunft und Erfahrung kaum intersubjektiv überzeugende Argumente für bestimmte Standpunkte finden lassen, lässt sich immerhin Folgendes sagen: Der Umstand, dass die menschliche Vernunft und Empathie (wie alles andere in der Welt) nur als Ergebnisse dieses in der Welt (auch in der Materie) wirkenden und sich ständig weiter entwickelnden objektiven Geistes vorstellbar sind, zwingt dazu, der in ihm wirkenden geheimnisvollen, die menschliche Vorstellungskraft gewaltig übersteigenden Intelligenz mit ehrfürchtiger Bewunderung zu begegnen.

Was ist der Mensch?
Philosophische Anthropologie

Philosophische Anthropologie und Humanwissenschaften

B-161 - Im Unterschied zu den Humanwissenschaften (wie z.B. der biologischen und soziokulturellen Anthropologie, der Medizin, Psychologie, Ethnologie etc.), die sich aus verschiedenen Blickwinkeln empirisch mit bestimmten Aspekten des Menschen beschäftigen, richtet sich die Frage der philosophischen Anthropologie „Was ist der Mensch?" darauf, das Wesen des Menschen und seine Stellung im Gesamtzusammenhang des Seins näher zu bestimmen. Anders als bei den Humanwissenschaften werden hier nicht nur bestimmte Teilaspekte ins Blickfeld genommen, sondern das Ganze des Menschen. Dabei wird unser zumeist unreflektiertes Vorverständnis davon hinterfragt, was der Mensch "ist", im Unterschied zu allem anderen, was in der Welt vorkommt. Wie und was der Mensch sein „sollte" bleibt als Teilaspekt der Ethik hier ausgeklammert. Philosophische Anthropologie und Humanwissenschaften stehen insofern in einer kooperativen Beziehung, als einerseits die empirischen Erkenntnisse der Humanwissenschaften philosophisch zu beachten sind und andererseits grundlegende philosophische Erkenntnisse Orientierungswissen für die außerphilosophische anthropologische Forschung sowie das Verständnis für den inneren Zusammenhang der verschiedenen Humanwissenschaften vermitteln können.

Vernunft als menschliches Wesensmerkmal

B-162 - Vernunft ist das bedeutendste Wesensmerkmal des Menschen. Als Vernunft wird seit Kant die Fähigkeit der Menschen verstanden, „sich gemeinsam über die aller Verstandestätigkeit und sinnlichen

Wahrnehmung vorausliegenden und durch sie vorausgesetzten Prinzipien Rechenschaft geben zu können. Da solche durch die Vernunft begriffenen Bedingungen allgemein, d.h. ohne Ansehen der Person gelten sollen, ist mit dem Begriff der Vernunft der Anspruch auf Intersubjektivität verbunden" (J. Mittelstraß). Verstand ist demgegenüber „diejenige Erkenntnisfähigkeit des Menschen, die es mit dem regelmäßigen Verknüpfen von Elementen zu Zusammenhängen, z.B. logischen Beziehungen zwischen Prämissen und Konklusionen oder Mitteln und Zwecken, zu tun haben" (C.F. Gethmann). Die Unterscheidung zwischen Vernunft und Verstand ist gerade angesichts des heute verbreiteten unreflektierten Glaubens an die Ersetzbarkeit der menschlichen Vernunft durch immer weiter perfektionierte Computer wichtig. Dem Glauben an die grundsätzliche zukünftige Möglichkeit einer Ersetzung des Menschen durch „superintelligente" Computer liegt der Irrtum zugrunde, Vernunft lasse sich auf Logik reduzieren. B.F. Skinner hat bereits 1971 auf der Basis dieser irrigen Auffassung die Vorstellung entwickelt, die „Abschaffung" des Menschen sei seit langem überfällig. Der „autonome innere Mensch" sei ein Produkt unserer Unwissenheit, und während unser Wissen wachse, löse sich die Substanz, aus der er gemacht ist, immer mehr in Nichts auf. Gegen diese, auf einem reduzierten Vernunftbegriff basierende und auf die Abschaffung menschlicher Autonomie und Würde zielende Auffassung, spricht, dass die Gleichung „Vernunft = Logik" unsinnig ist. Vernunft ist u.a. die Fähigkeit zur Lösung menschlicher Konflikte und Probleme, auf die eine bloß rational ausgerichtete Intelligenz überhaupt nicht anwendbar ist, weil hierzu ethische Wertungen und interpersonale emotionale Gesichtspunkte zu beachten sind, die ein allgemein festgelegter logischer Algorithmus nicht sinnvoll vorentscheiden kann. Weisheit und Klugheit als Wesenselemente der Vernunft sind mit kalter unpersönlicher Logik von Rechenmaschinen auch dann nicht gleichzusetzen, wenn emotionale und ethische Entscheidungskomponenten in die Algorithmen eingebaut werden. Im Übrigen ist es

116

eine wichtige ethische Frage, welche Entscheidungsmacht Menschen Computern einräumen sollten.

Reflektierte Innen- und Außenperspektive

B-163 - Ein Wesensmerkmal des Menschen ist seine Fähigkeit, sich selbst sowohl aus der Innen- als auch aus der Außenperspektive zu sehen und darüber zu reflektieren. Über beides kann er sich mit anderen Menschen austauschen. In der Innenperspektive sieht er sich als „Ich" seinem „Selbst" gegenüber, besitzt deshalb „Selbstbewusstsein", hat ein „Selbstbild" und kann sich in bestimmten Situationen sogar von sich selbst distanzieren (etwa, wenn er sagt, er sei in einer Situation nicht er selbst gewesen). Aus der Innenperspektive erlebt der Mensch seinen „Leib", weiß aber auch, dass er aus der Außenperspektive gesehen einen „Körper" hat. Wenn er z.B. Schmerzen empfindet, spürt er seinen Leib, sieht sich im Spiegel aber aus der Außenperspektive auch als Körper, so wie er andere Körper sieht. Auch die Anderen und die ihn umgebende Welt nimmt der Mensch sowohl aus der Innen- als auch aus der Außenperspektive wahr (Innenperspektive: z. B. wenn er jemanden sympathisch oder unsympathisch findet; Außenperspektive: z. B. wenn er das Verhalten eines Anderen Dritten gegenüber beschreibt.) Hieraus entwickelt der Mensch sein Menschen- und Weltbild. Die Innenperspektive ist anderen nur über die Aussagen der jeweiligen Menschen zugänglich.

B-164 - Empirische Untersuchungen über den Selbstbezug bei Tieren sprechen nicht gegen die Richtigkeit des Satzes aus Kants Anthropologie: „Dass der Mensch in seiner Vorstellung das Ich haben kann, erhebt ihn unendlich über alle andere auf Erden lebende Wesen." Bei der Beobachtung des Verhaltens höherer Wirbeltiere wurde zwar festgestellt, dass auch Tiere Erfahrungen haben können, die beim Menschen zur Unterscheidung von Ich und Selbst führen (z. B. Selbstberührungen, d.h. die gleichzeitige Wahrnehmung des berührenden und des berührten Körperteils). Bei Experimenten mit großen Affen, die mit ihrem Spiegelbild konfrontiert wurden, ergab sich sogar, dass diese sich z.T. selbst erkannten und dies zum Ausdruck brachten. Daraus lässt sich allerdings nicht schließen, dass Tiere über diese Erfahrung wie ein Mensch reflektieren und deshalb die Vorstellung eines Ichs haben könnten.

Zwischenmenschlichkeit

B-165 - Der Mensch erlebt sich als „Ich" und als „Selbst". Die anderen Menschen sind für ihn zum einen das „Es", d.h. die anderen Menschen, zu denen er als Ich keine persönliche Beziehung hat und die für ihn lediglich Vernunftwesen sind, und zum anderen das „Du", d.h. den oder die Menschen, zu denen er eine mitfühlende und wohlwollende persönliche Beziehung gewinnt und die ihm dadurch zur Entwicklung und Erfahrung seines eigentlichen, umfassenden Daseins als Mensch verhelfen. Nur durch die differenzierte Ausbildung von Ich und Du und damit durch das Selbstverständnis des Menschen als Ergebnis der ihn verkörpernden Prozesse der Individuation und der Sozialisation können Menschen ihres Menschseins innewerden (Kuno Lorenz, M. Buber). Die in der Zwischenmenschlichkeit wirksame (den Anderen mit Empathie, Mitgefühl und Vernunft annehmende) Zuwendung gibt dieser Beziehung einen gegenüber dem Gemeinschaftsleben der Tiere spezifisch menschlichen Charakter.

Exzentrizität

B-166 - Die Eigenschaft des Menschen, als Ich bewusst seinem Selbst gegenüberzustehen und über dieses innere Verhältnis nachzudenken, bewirkt, dass der Mensch sich immer wieder selbst und sein Verhalten in Frage stellt und über die Gestaltung seines Lebens auch in den kleinsten Dingen entscheiden muss. Deshalb ruht der Mensch anders als pflanzliche und tierische Lebewesen, die diesen Dualismus von Innen- und Außenperspektive überhaupt nicht oder jedenfalls nicht bewusst wahrnehmen, nicht in sich selbst. Während das Leben der nicht mit reflektierender Vernunft ausgestatteten Lebewesen einem durch die Natur vorgegebenen Pfad folgt und auf diesen Pfad hin „umweltgebunden" zentriert verläuft, fehlt dem Menschen diese Zentriertheit auf ein von der Natur vorgegebenes Lebensprogramm. Dies ist seine Exzentrizität (H. Plessner), die ihn ruhelos macht, aber auch dazu befähigt, sich unbegrenzt „weltoffen" zu verhalten (M. Scheler), natürliche Gegebenheiten in seinem Sinne umzugestalten und Neues zu erfinden. Nur vorübergehend, etwa wenn ein Mensch in einer von ihm innerlich als sinnvoll bejahten Tätigkeit zeitweilig „voll aufgeht", kann der Mensch so etwas wie Zentrizität spüren.

Endlichkeitsbewusstsein

B-167 - Im Gegensatz zu pflanzlichen und tierischen Lebewesen weiß der Mensch um die Endlichkeit seines Lebens. Er weiß, dass er irgendwann geboren worden ist und eines Tages sterben muss. Dies führt ihn zwangsläufig vor die Frage, was vor seiner Geburt mit ihm war und was nach seinem Tode sein wird. Auf diese Frage gibt die menschliche Vernunft keine befriedigende Antwort. Der innere Drang, dennoch eine Antwort zu finden, ist einer der Gründe für die Orientierung vieler Menschen an transzendenten (die Vernunft übersteigenden, aber nicht notwendigerweise vernunftwidrigen) religiösen und sonstigen weltanschaulichen Glaubensüberzeugungen.

Sinnsuche

B-168 - Wesentliches Merkmal des menschlichen Daseins (im Unterschied zum Dasein der nicht mit Vernunft ausgestatteten anderen

Lebewesen) ist die Suche nach einem Sinn für das eigene Leben und Handeln sowie für die Welt schlechthin. Als sinnvoll erleben wir etwas, mit dem wir ohne Widerspruch einverstanden sein können, das wir verstehen und als gut und richtig anerkennen (G. Scherer). Welches Ergebnis diese Sinnsuche für den einzelnen Menschen hat, ob er die Möglichkeit eines sinnerfüllten Daseins überhaupt bejaht oder alles letztlich als absurd ansieht und welche Gründe für das Eine oder das Andere angeführt werden, kann und will ich hier nicht vertiefen. Fest steht jedoch, dass die Sinnsuche gemeinsame Grundlage aller menschlichen Theorie und Praxis und ein spezifisches Wesensmerkmal des Menschen ist.

Begrenzte Willens- und Handlungsfreiheit

B-169 - Menschliches Handeln wird durch vielfältige natürliche und soziokulturelle Faktoren determiniert, aber nicht vollständig. Innerhalb der u.a. durch physikalische, biologische und soziokulturelle Gegebenheiten bestimmten Grenzen menschlicher Handlungsmöglichkeiten kann der Menschen kraft seiner Vernunft und Urteilsfähigkeit zwischen verschiedenen Handlungsvarianten wählen und sein Leben und Handeln eigenständig und kreativ gestalten. Die Annahme einer völligen Determiniertheit des Menschen durch biochemische Abläufe im menschlichen Gehirn oder durch sonstige naturgesetzliche Determinanten ist unsinnig. Gegen die Annahme, unser Handeln sei ausnahmslos durch Naturgesetze bestimmt, spricht, dass die unter Laborbedingungen erlangte naturwissenschaftliche Feststellung von Naturgesetzen nicht die Behauptung begründen kann, das Gesamtgeschehen in der Welt einschließlich menschlicher Handlungen sei eine ausschließlich durch die Naturgesetze bedingte Kausalkette. Abgesehen davon, dass tatsächliche Abläufe durch zufällige Ereignisse bestimmt sein können, die nicht mit Hinweis auf Naturgesetze zu erklären sind (was allerdings als solches zur Begründung einer Entscheidungsfreiheit nicht reicht), wird menschliches Handeln vor allem auch durch Gesichtspunkte bestimmt, die keine (kausalen) „Ursachen", sondern (gedankliche, rationale oder emotionale) „Gründe" sind. Der Versuch einer Reduktion menschlicher Vernunftentscheidungen auf biochemische oder gar physikalische Vorgänge verkennt zudem, dass die Natur aus aufeinander aufbauenden Schichten von subatomaren und atomaren physikalischen, chemischen und biologischen Strukturen bis hin zu den mit Bewusstsein und (beim Menschen) mit Vernunft ausgestatteten Lebewesen besteht. Jede der jeweils höheren Schichten weist sog. emergente Eigenschaften auf, die sich aus den für die niederen Strukturen geltenden Naturgesetzen nicht erklären lassen. Menschen sind kraft ihrer Vernunft in der Lage, die Entwicklung der Welt in diese oder jene Richtung zu verändern und zu gestalten und dabei auch Folgen herbeizuführen, die von naturgesetzlich zu erwartenden Kausalverläufen abweichen. Hierin kommt die menschliche Freiheit zum Ausdruck.

Personalität

B-170 - Menschen sind Personen, d.h. vernunftbegabte Körper („Vernunftwesen" nach I. Kant), deren leibseelische Identität von der Geburt bis zum Tode ihnen selbst bewusst ist und von anderen Menschen anerkannt wird. Tieren fehlen die für eine Person entscheidende Fähigkeit des Bewusstseins ihrer eigenen Sterblichkeit und Identität sowie eine auf ein Selbst reflektierende Vernunft, obwohl sie Bewusstsein, Intelligenz, Empfindungen und Leidensfähigkeit haben können.

Technische Intelligenz

B-171 - Zwar können höher entwickelte Tiere (z.B. Primaten) lernen, zusätzlich zu ihren Körperteilen auch externe Gegenstände als Werkzeuge einzusetzen. Doch die technische Intelligenz, sich selbst

Werkzeuge zur Erzeugung weiterer Werkzeuge herzustellen, ist ein auf den Menschen beschränktes Wesensmerkmal (Werkzeugverhalten zweiter Ordnung: z.B. Nutzung eines Steins nicht zum Knacken einer Nuss, sondern um einen anderen Stein zum Faustkeil zuzuspitzen, C. Thies)

Sprache

B-172 - Tierische wie menschliche Kommunikation kann sich, soweit sie mit dem Einsatz des eigenen Körpers verbunden ist (z.B. bei bestimmten Körperbewegungen oder Lauten), auf ähnliche Weise abspielen. Dabei findet auch im Tierbereich über bestimmte Gebärden oder Mimik eine durch Signale, Symbole oder Rituale vermittelte Kommunikation statt. Nicht möglich ist Tieren jedoch eine Kommunikation über vom Körper unabhängige Bilder oder Symbole, in denen Bedeutungen übermittelt werden, die als Ganzes sinnvoll sind, auch wenn sie sich nicht in sprachliche Symbole übersetzen lassen. Die Felsenbilder der Cro-Magnon-Menschen werden daher zutreffend als Beleg für die menschliche Natur der Schöpfer dieser Bilder betrachtet. Unmöglich ist Tieren außerdem eine Kommunikation über sprachliche Laute, die sich in schriftlichen Symbolen wiedergeben lassen und deren Bedeutung innerhalb ihres jeweiligen Kontextes auch unabhängig von konkreten Situationen verständlich ist. Im Unterschied zur Kommunikation über bloße Laute zeichnet sich die menschliche Sprache durch ihre vielseitige Verwendbarkeit und die Möglichkeit aus, eine unendliche Menge lautlicher und symbolischer Bedeutungselemente aus einem Ausgangswortschatz und bestimmten grammatischen Regeln zu bilden. Dabei kann der Mensch nicht nur empirisch erfassbare Bedeutungsinhalte sprachlich ausdrücken, sondern auch abstrakte Zusammenhänge und Gedankengänge. - Sprechen und Denken sind unterschiedliche Wesensmerkmale des Menschen. Menschen die gehörlos sind oder noch nicht, überhaupt nicht oder nicht mehr sprechen können, haben trotz des vorübergehenden oder grundsätzlichen Fehlens dieser Eigenschaft zumeist die gleichen kognitiven und intellektuellen Eigenschaften wie andere Menschen. Sprechfähigkeit ist demnach zwar eine hinreichende aber keine notwendige Voraussetzung für einen Menschen. Die nähere Analyse der menschlichen Sprache ist Thema u.a. der Sprachphilosophie.

Kulturabhängigkeit

B-173 - Der Mensch ist über die primäre zwischenmenschliche Beziehung zum Du hinaus in die Gemeinschaft mit anderen Menschen eingebunden. In diesem sozialen Rahmen findet sein Spracherwerb und seine sonstige Entwicklung und Bildung statt. Die in seiner Umgebung vorherrschenden kulturellen Anschauungen und Wertvorstellungen wirken auf ihn ein und prägen sein Selbst- und Weltbild mehr oder weniger stark, auch wenn es ihm kraft seiner Vernunft grundsätzlich möglich ist, eigene, von herrschenden Meinungen abweichende Haltungen zu entwickeln. Naturwissenschaftlich-technischer Fortschritt sowie der Wandel der in seiner Gemeinschaft vorherrschenden religiösen, ethisch-weltanschaulichen und sonstigen kulturellen Vorstellungen bewirken fortlaufende Veränderung wesentlicher Elemente seines Selbstverständnisses von Generation zu Generation. Deshalb unterscheidet sich der vor Jahrhunderten lebende homo sapiens in vielfacher Hinsicht von dem heutigen Menschen. Er erlebt sich z.B. heute als verschwindend kleiner Teil des Universums im Gegensatz zu früheren erd- und menschenzentrierten Vorstellungen. Das in früheren Zeiten weitgehend unhinterfragte Eingebundensein in religiöse Glaubensüberzeugungen hat seit der Aufklärung zunehmend einer Auffassung Platz gemacht, in der der Mensch sich bei seiner religiösen Sinnsuche weitestgehend auf sich selbst zurückgeworfen sieht und nach Kompensationen für diesen Verlust sucht („Gott ist tot!", F. Nietzsche; „homo compensator", O. Marquard). Er erlebt sich seit Darwin als Ergebnis einer evolutionären Entwicklung, die den Übergang zwischen Tier und Mensch nicht als speziellen göttlichen Schöpfungsakt, sondern als allmählichen Selektionsprozess zufällig in der Natur auftretender biologischer Mutationen erklärbar macht. Fortlaufende Veränderungen des menschlichen Lebens und des Menschen selbst ergeben sich auch aus den zunehmenden medizinisch-technischen Einwirkungen auf die menschliche Reproduktion sowie die organisch-funktionalen Eigenschaften des Menschen (sog. human enhancement, Cyborg). Solange dabei die zuvor dargestellten menschlichen Wesensmerkmale, die auch Menschen früherer Zeiten kennzeichneten, nicht gefährdet werden, bleibt die Spezies Mensch erhalten. Welche den menschlichen Organismus und die menschliche Funktionalität und Psyche verändernde Maßnahmen im Hinblick auf die Gefährdung des Menschseins unterbleiben sollten, wird in der Bio- oder Medizinethik untersucht. - Art, Intensität und Wandel der kulturabhängigen Eigenschaften des Menschen sind Gegenstand unterschiedlichster wissenschaftlicher, literarischer und alltäglicher Analysen und Spekulationen, in denen zumeist auch nichtphilosophische metaphysische Überzeugungen zum Ausdruck kommen.

„Mängelwesen" ist nicht nur der Mensch

B-174 - Den Menschen als „Mängelwesen" (J.G. Herder, A. Gehlen) zu bezeichnen, trifft keine Eigenschaft, die den Menschen von anderen Lebewesen wesentlich unterscheidet. Der Hinweis, dass der Mensch nach seiner Geburt längerer Betreuung und Sorge durch seine Eltern sowie der Erziehung und Bildung in der Gemeinschaft mit anderen bedarf, sowie, dass er nicht von Natur aus mit spezialisierten Organen und körperlichen Eigenschaften ausgestattet ist, die ihm ohne Hilfe anderer und seiner Intelligenz ein Leben in seiner Umwelt ermöglichen, trifft auch auf tierische Lebewesen zu, die sich in ihrer natürlichen Umgebung zunächst nur schlecht behaupten können. Die

Ausstattung des Menschen mit Verstand, vorausschauender Vernunft, Gemeinschaftsorientierung und Kreativität überkompensiert die primärbiologischen Nachteile des Menschen bei weitem.

Offenheit zum Guten und zum Bösen

B-175 - Der Mensch ist seiner Natur nach sowohl zum Guten als auch zum Bösen hin offen. Die Grenzen zwischen Gut und Böse verlaufen nicht zwischen Rassen, Klassen, Völkern oder Geschlechtern, sondern quer durch jeden Menschen. Durch den Einfluss seiner sozialen Umgebung kann der einzelne Mensch im Hinblick auf sein Verhalten in beide Richtungen beeinflusst werden. Der vom Einzelnen abstrahierende Blickwinkel der Philosophie reicht nicht aus, um individuelles Verhalten zu erklären. Antworten hierauf findet man nur über die Beobachtung des Verhaltens einzelner menschlicher Individuen sowie über humanwissenschaftliche empirische Untersuchungen. (C. Thies)

B-176 - Der Dualismus von Gut und Böse reicht zur allgemeinen Kennzeichnung moralischer Grundeinstellungen des Menschen nicht aus, weil es sehr unterschiedliche Arten positiv oder negativ einzuordnenden Verhaltens gibt. Gut ist eine Haltung, die anderen Menschen gegenüber altruistisch, wohlwollend, verständnisvoll und hilfsbereit ist. „*Dem Guten*" steht einerseits das egoistische Verhalten gegenüber, bei dem die Interessen des Anderen zugunsten des eigenen Interesses übergangen werden. Dieses Verhalten wird zutreffend durch den Begriff „*das Schlechte*" umrissen (C. Thies). „*Das Böse*" ist demgegenüber andererseits die bewusste und gewollte Schädigung anderer, ohne dass der Handelnde hiermit über die böse Lust an dem Leid des Anderen hinaus eigene Interessen verfolgt.

B-177 - Man kann folgende Arten des Bösen unterscheiden: Das *affektive Böse* sind sinnlose Grausamkeiten, Massaker, Amokläufe oder sonstige irrationale Destruktivität, die durch rauschhafte emotionale Zustände (z.B. Blutrausch) ausgelöst oder gesteigert werden. Das *kalkulierte Böse* entspringt nicht irrationalen Emotionen, sondern der bösen Lust, sich an dem Leiden des Anderen zu erfreuen (Sadismus). Das *banale Böse* (H. Arendt) zeigt sich z.B. in der Vernichtungsmaschinerie des NS-Regimes und in anderen totalitären Gesellschaften, in denen schrecklichste Grausamkeiten quasi als routinemäßige Administrativakte verübt werden. Vom *heiligen* Bösen spricht man z.B. bei Opferritualen, in denen die Gewalt als heiliges Werk angesehen wird, das nicht nur erlaubt, sondern sogar geboten sei.

B-178 - Beim Guten kann man nach ähnlichen Gesichtspunkten differenzieren: Das *affektive* Gute als spontane Unterstützung und Großzügigkeit gegenüber Fremden sowie selbstlose Liebe und Freundschaft, das *kalkulierte* Gute z.B. als individuell dauerhaft verfolgte Wohltätigkeitshandlung, kollektiv organisierte Hilfsaktion, oft durch Ehrenamtliche. Als das *banale* Gute mag die alltägliche Moral, Kooperation, Solidarität und Menschlichkeit in der Lebenswelt erscheinen. Von dem *heiligen* Guten spricht man, wenn Menschen aus religiösen Überzeugungen bereit sind, z.B. ihr Leben zu opfern. Soweit andere in solche Extremtaten einbezogen werden, können allerdings hier aus der Sicht der Vernunft das Gute und das Böse dicht nebeneinander liegen. (C. Thies)

B-179 - Unzutreffend ist die Auffassung, dass jedes menschliche Handeln letztlich egoistisch motiviert sei, dass menschliches Verhalten generell durch das Verfolgen eigennütziger Absichten ohne Rücksicht auf den Anderen bestimmt werde und dass alle Erscheinungen der sozialen Welt durch den individuellen Egoismus zu erklären seien (anthropologischer Egoismus, z.B. T. Hobbes u.a. frühneuzeitliche Denker). Selbst wenn man die Menschen generell als rationale Nutzenmaximierer ansehen würde, ergäbe sich daraus nicht, dass alle Menschen stets egoistisch sind. Denn zum einen lässt sich aus dem Umstand, dass alle menschlichen Handlungen intentional (absichtlich) geschehen und man diese Intentionen dem Akteur zurechnen kann, nicht darauf schließen, dass diese Absichten egoistische sein müssten. Zum anderen rechtfertigt auch die Annahme, dass mit der Realisierung von Handlungszielen generell Lust verbunden ist, nicht die Aussage, dass diese Ziele egoistische sein müssten. (C. Thies) Gegen einen universellen anthropologischen Egoismus spricht außerdem die Überlegung, dass angesichts der stets unsicheren Erwartungen über die Verhaltensweise des Anderen die für das Zusammenleben der Menschen notwendige Verlässlichkeit und Dauerhaftigkeit der wechselseitigen Beziehungen ohne eine faire Berücksichtigung der Interessen des Anderen nicht vorstellbar wäre.

Fähigkeit zur eigenen Persönlichkeitsentwicklung (Existenzialismus)

B-180 - Von Existenzialismus zu sprechen, ist sinnvoll, soweit man darunter versteht, dass jeder Mensch vor der Aufgabe steht, sich innerhalb des ihm u.a. durch Erbanlagen und soziokulturelle Umwelt gegebenen Rahmens kraft seiner Vernunft und der Fähigkeit zur Gestaltung seiner Persönlichkeit selbst zu entwickeln. Hierbei wird zutreffend der notwendige Eigenbeitrag des autonomen Vernunftwesens Mensch zu seiner Entwicklung vom bloßen „Dasein" (Existenz) zum selbstbestimmten menschlichen „So-Sein" (Essenz) betont. Nicht überzeugend ist jedoch ein Verständnis von Existenzialismus, das die im Menschen von Natur aus angelegten Wesensmerkmale sowie die ihm hierdurch sowie durch sein soziales Umfeld mitgegebenen Prägungen und ethischen Orientierungen unterbewertet, ihn sozusagen zunächst bloß als leeres Sein betrachtet, das allein durch seine eigene Kraft zum Menschen werde und sich selbst in einer als sinnlos empfundenen Welt (dem „Nichts") sämtliche für ihn verbindlichen Regeln setze (J.P. Sartre, A. Camus). Diese Denkrichtung mag als psychische Kompensation für den Verlust der Geborgenheit im Glauben an einen persönlichen Gott erklärbar sein. Dem Inhalt nach gehört sie in den Bereich philosophisch nicht begründbarer metaphysischer Annahmen.

Was können wir hoffen?
Philosophischer Zugang zur Religion?

Sinnsuche als Wurzel religiöser Einstellung

B-181 - Die Fähigkeit des Menschen, sich und seine Umwelt kraft seiner reflexiven Vernunft in Frage stellen zu können (seine Exzentrizität) und seine damit verbundene Suche nach einem Sinn für sein eigenes Leben und die Welt überhaupt, erklärt auch seine religiöse Einbildungskraft. Die nähere Betrachtung der Entwicklung menschlicher Gemeinschaften und der in ihnen vorherrschenden religiösen Vorstellungen zeigt, dass die religiöse Einbildungskraft im Wesentlichen drei Funktionen hat: Sie gibt zum einen Erklärungen für rätselhafte Phänomene, die wissenschaftlicher Erkenntnis nicht (oder noch nicht) zugänglich sind. Außerdem bietet sie psychische Errettung vor Schrecken, Machtlosigkeit, Chaos und vor dem Gefühl der Sinnlosigkeit des Daseins. Schließlich hat sie die Funktion, Ordnung zu stiften, Regeln aufzustellen, die kulturelle Identität zu sichern und damit das Volk zusammenzuhalten. (J.A. Marina)

Vernünftige Weltordnung als Grund für Existenz Gottes?

B-182 - Der Mensch erlebt sich selbst und seine Umwelt als ein durch Naturgesetze bestimmtes, sich laufend weiterentwickelndes Sein. Er weiß, dass innerhalb dieser Entwicklung neben den vielfältigen sinnvollen Fähigkeiten anderer Lebewesen auch seine eigene Intelligenz und seine reflexive Vernunft entstanden sind. Wohin der einzelne Mensch auch schaut und wie tief auch immer der Blick des Wissenschaftlers in neue bisher unbekannte Bereiche des physischen und geistigen Geschehens eindringt, stets trifft er auf Gesetzmäßigkeiten, die auf eine in der Welt wirkende, das menschliche Denken unendlich weit überragende Intelligenz schließen lassen. Diese unbestreitbar in allen Gegenständen der Welt wirksame ordnende Kraft haben Menschen zu allen Zeiten ehrfürchtig bewundert. Ein philosophisch schlüssiger Beweis für die Existenz eines persönlichen Gottes ist daraus jedoch ebenso wenig herzuleiten wie ein Beweis für die Nicht-Existenz eines solchen göttlichen Wesens.

Traditionelle Gottesbeweise nicht überzeugend

B-183 - Es ist bisher nicht gelungen, auf einsichtige und überprüfbare Weise, d.h. ohne auf die Autorität einer angeblichen Offenbarung zurückzugreifen, die Behauptung der Existenz eines persönlichen Gottes zu begründen.

B-184 - Der sog. „ontologische" Gottesbeweis, bei dem bereits aus dem gedanklichen Inhalt des Gottesbeweises selbst das Dasein Gottes (deduktiv) abgeleitet wird, setzt im Grunde voraus, was er beweisen will (petitio principii). Dies gilt z.B. für die Argumentation Anselms von Canterbury: Gott wäre nicht das „Größte", wenn ihm nicht Dasein zukäme. Auch Descartes Gottesbeweis unterliegt diesem Fehlschluss, wenn er folgert: Gott besitzt notwendigerweise alle Vollkommenheiten; Existieren ist eine Vollkommenheit; also existiert Gott. Dabei wird verkannt, dass Vollkommenheit, als Eigenschaft Gottes, und Existenz, als Vorhandensein Gottes, völlig unterschiedliche sprachliche und inhaltliche Bedeutungen haben. Es ist logisch unmöglich, aus der gedachten Eigenschaft eines gedachten Gegenstandes auf das seinsmäßig wirkliche (ontische) Vorhandensein eines solchen Gegenstandes schließen zu können.

B-185 - Nicht überzeugend ist ebenfalls der sog. „kosmologische" Gottesbeweis, bei dem aus dem Prinzip der Verursachung alles Seienden in der Welt (aus der Nicht-Notwendigkeit bzw. Kontingenz des

Seienden, aus der Bewegung, der hierarchischen Ordnung von Ursachen, aus der Hinfälligkeit aller Dinge sowie aus den unterschiedlichen Graden der Vollkommenheit) auf das Dasein einer ersten Ursache geschlossen wird, welche zugleich als Ursache alles Seienden, ja sogar als Ursache ihrer selbst gedacht wird (Thomas von Aquin). Hierbei wird u.a. übersehen, dass das Weltgeschehen nicht sinnvoll als geschlossene Kausalkette begriffen werden kann, die auf einen Gott als erste Ursache zurückführen muss. Denn schon der Mensch vermag als Handelnder nach Belieben in den Lauf der Dinge einzugreifen.

B-186 - Der sog. „physiko-theologische" (oder auch „teleologische") Gottesbeweis, bei dem aus der angenommenen Zielgerichtetheit bzw. geplanten Ordnung alles Seienden ein Indiz für die Existenz eines weltordnenden Wesens hergeleitet wird, kann schon deshalb nicht überzeugen, weil ein metaphysisches Finalitätsprinzip nicht beweisbar ist. Schon die Evolution der Pflanzen- und Tierwelt vollzieht sich nicht zielgerichtet (teleologisch), sie findet einfach statt nach dem Prinzip der Auswahl zwischen mehr oder weniger überlebensfähigen genetischen Mutationen. Der Umstand, dass dieser Vorgang nach physikalischen, chemischen und biologischen Gesetzmäßigkeiten abläuft, rechtfertigt nicht den Schluss auf eine Zielgerichtetheit alles Seienden.

Kants Postulat der Achtung vor oberster Intelligenz

B-187 - Kant weist zutreffend darauf hin, dass Achtung vor der menschlichen Vernunft (als der wesentlichen Grundlage aller Moral) die Achtung vor einer „obersten Intelligenz als höchstem unabhängigen Gut" notwendig voraussetzt, um dem Begriff vom höchsten Gut objektive Realität zu geben. Die Notwendigkeit einer Anerkennung dieser obersten Intelligenz (an der die menschliche Intelligenz in geringem Maße Anteil hat) bezeichnet er als ein Postulat (eine Forderung) der praktischen Vernunft. Dieser Überlegung kommt grundlegende Bedeutung für die Anerkennung der Menschenwürde und für die gesamte Ethik zu. Sie zwingt aber weder zur Anerkennung eines persönlichen Gottes noch stellt sie einen Gottesbeweis dar.

Sinnsuche oder Verehrung menschlicher Projektion?

B-188 - Die Sinnsuche führt die Menschen dazu, nach einer Instanz zu suchen, die alles steuert, die ihm sagt, wie man handeln soll und in deren Schutz man sich geborgen fühlen kann. Das Bedürfnis, für sich selbst und in einer Gemeinschaft mit anderen einen psychischen Halt in diesem Sinn zu finden, ist stark. Wie die Religionsgeschichte zeigt, neigen Menschen und ganze Gesellschaften dazu, aus Mythen oder sonstigen menschlichen Vorstellungen abgeleitete Gedankengebilde als sinngebende Instanzen für alles zu betrachten, was sie selbst und die Welt regiert. Philosophie hat nur beschränkte Möglichkeiten, den illusionären Charakter solcher von Menschen selbst gemachter religiöser Gedankengebilde erkennbar zu machen, weil diese ihre Überzeugungskraft nicht auf die menschliche Vernunft und Erfahrung gründen. Oft leiten sie ihre Überzeugungskraft (etwa beim Glauben an „Wunder") gerade daraus ab, dass angeblich aufgetretene Phänomene im Widerspruch zu Naturgesetzen stünden und nicht rational erklärbar seien. Auch religiöse Glaubensüberzeugungen unterliegen allerdings den grundlegenden, durch die Anerkennung der menschlichen Vernunft und Autonomie gebotenen, ethischen Prinzipien. Soweit religiöse Überzeugungen in der Praxis dazu führen, dass grundlegende ethische Werte missachtet werden, hat sich Religion an die durch die Vernunft gesetzten Grenzen zu halten. Insofern besteht ein Vorrang der Ethik vor der Religion.

B-189 - Religion, die ohne menschengemachte Vorstellungsbilder auskommt, ist der Glaube daran, dass wir an einem Sinn teilhaben, obwohl er weit über alles hinausgeht, was wir verstehen können.

Religion in diesem Sinne ist „Ausdruck unseres Sinns und Geschmacks fürs Unendliche" (F. Schleiermacher: *Über die Religion*). Sie ist das Bewusstsein, dass es nicht nur eine einzige Anschauung des Unendlichen gibt, nicht nur eine einzige wahre Religion, sondern unendlich viele (M. Gabriel). Dies verweist den Menschen auf seine eigene Bedeutung und Verantwortung sowie seinen eigenen Beitrag zur Mitgestaltung der Welt.

Inhaltsübersicht

Inhaltsübersicht   135